国語科授業サポートBOOKS

思考力 判断力 表現力 を育てる
小学校国語科の課題学習

藤井英子 著

明治図書

序に代えて

　著者の藤井英子さんは，昭和55年以来の40年間，中沢政雄先生のもとで一筋に国語科教育を極めて来られた実践家である。その間，教頭，校長，東京都の研修センター教授等を歴任されたすぐれた指導者でもある。私が初めて藤井さんにお目にかかったのは，平成３年の国語教育科学研究会・夏季研究大会の折りであったと記憶している。会員からは授業の名人と評されており，師である中沢先生との共著が数冊ある理論家でもあった。20代半ばの新米会員であった私にとっては，目標とすべき憧れの先輩であった。

　本書は，藤井さんが満を持して執筆した「国語科教育人生のエッセンス」である。書名にある通り「国語科の課題学習」の実際を述べたものであるが，それだけでなく，「個人差・能力差に応じる学習指導」や「国語科の完全習得学習」など，著者の豊富な経験や深い研究が踏まえられている。その上で，平成29年告示の新しい教育課程における「読むこと」の学習指導はどうあるべきか，という問いに答えている。説明的文章教材と文学的文章教材の両方について，教材研究や単元の組み立て方，単元や単位時間の目標，学習課題，学習方法まで，丁寧に解説している。経験の浅い若い教師でも容易に理解できるように，教科書教材を例示しながら，簡潔明瞭な文体で具体的に書かれている。

　諸賢に読破をお勧めする所以である。

　中沢政雄先生がご在世であれば，本書の上梓を誰よりも喜ばれ，序文をお書きになったであろう。

　今は彼の世から，「後学のために書いてごらんなさい。」と励ましてくださるであろうと独り決めをして，ここに拙文を認める次第である。

　2019年９月

秋田大学教育文化学部教授　成田雅樹

まえがき

　私は，国語科の「課題学習」こそが，新学習指導要領の中で求めている資質・能力を育成するための最適な学習指導法であると考えています。

　本書で示す国語科の「課題学習」とは，「課題を設定する，課題に沿って，解決の方法を工夫する，課題に沿って，一人一人が思考し，課題解決をする，課題に沿って，その結果をグループや全体で話し合う，課題に沿って，自己評価・自己調節をする」というようにすべての子供が目標に到達できるように，課題に沿ってシステム化された学習法です。

　この課題学習を実現するためには，1時間の目標設定と評価，能力差に応じた学習法・学習シートの工夫が必要です。また，学習する能力の学び方，課題設定の方法，話合いの方法，自己評価・自己調節の方法など学習過程に沿った学び方を学ぶことも大事です。さらに，深い学びを実現するための単元デザインについても追究する必要があります。これらについて，本書では具体的かつ実践的に理論と事例の両方についてご紹介しています。

　課題学習を通して，自ら課題を設定し，自ら課題を解決できる方法を工夫し，自ら課題解決のできる子供を育てていきたいものです。このような子供たちこそ，未来社会をたくましく切り拓いていくと信じています。

　課題学習の理論は，今は亡き国語教育科学研究会主宰・国語教育科学研究所長の中沢政雄先生のお考えです。この本はその理論に基づいて，私自身国語教育科学研究会の仲間と共に40年近く研究・実践を積み重ねた結果，生まれたものです。

　国語教育科学研究会の皆さまとの出会いに感謝しております。

　最後に，いつも厳しいご指導と温かく励まして下さった，中沢政雄先生のご霊前に感謝の意を捧げます。

2019年9月

藤井英子

目次

序に代えて ・・・ 002

まえがき ・・・ 003

第1章 新しい時代に必要な資質・能力の育成をめざす課題学習

1 思考力・判断力・表現力を育てる国語科の課題学習　008

1　国語科の課題学習とは ・・ 008

2　課題学習は授業の構造を変える ・・・・・・・・・・・・・・・・・・・・・・・・・ 010

3　課題学習は主体的な学びを促す ・・・・・・・・・・・・・・・・・・・・・・・・・ 012

2 課題学習で育つ資質・能力　013

1　知性・感性・社会性の調和のとれた人間性 ・・・・・・・・・・・・ 013

2　言語能力と思考力・創造力・想像力・表現力・判断力 ・・・・・ 015

3　課題解決の過程で育つ力 ・・・・・・・・・・・・・・・・・・・・・・・・・・・・・・・・・ 017

4　主体的に学ぶ意欲や態度 ・・・・・・・・・・・・・・・・・・・・・・・・・・・・・・・・・ 018

5　学び方を学ぶ力 ・・・ 019

第2章 思考力・判断力・表現力を伸ばす課題学習

1 主体的な学びと思考過程に沿った読みの過程　022

1　直観過程 ・・・ 022

2　分析過程 ・・・ 023

3　体制過程 ・・・ 023

2 主体的な学びを保障する1時間の学習過程　024

1　課題設定の過程 ・・ 025

2　自己学習（課題解決）の過程 ・・・・・・・・・・・・・・・・・・・・・・・・・・・・・ 030

3　共同学習の過程 ・・ 031

4　評価・調節の過程 ・・ 033

5　まとめの過程 ・・・ 036

3 主体的な学びと学習課題　037

1　学習課題とは ・・・ 037

2	課題とめあての違い	041
3	課題設定に大事なことは毎時間の目標の設定	043
4	説明的文章における課題設定の手順	050
5	文学的文章における課題設定の手順	057

4 主体的な学びと自己学習　　064

1	一人一人の自己学習ができるように能力差を考慮する	064
2	能力差に応じた学習方法・学習シートを工夫する	067

第3章　対話的な学びと協働学習

1 グループによる協働学習　　072

1	目的や視点を明らかにする	072
2	話合いを活発にする指導	073
3	グループ学習法の指導	076
4	グループ学習の話合いの過程	077
5	リーダーの養成	079
6	話合いの見える化の工夫	081
7	グループ学習における教師の役割	082

2 能力差に応じた自己学習後のグループ学習　　084

3 グループ学習後の一斉学習　　085

1	話合いの不十分なところを補う	085
2	学習評価の基準を決める	085
3	自己評価をし，評価結果を確認する	086
4	自己調節や深化学習をする	087
5	学習のまとめをする	087

第4章　深い学びと評価

1 毎時間の学習評価　　090

1	診断的評価	090

目次　5

2	形成的評価	091
3	認定的評価	095

第5章 思考力・判断力・表現力を育てる単元デザイン

1 深い学びが実現する単元デザイン　098

1 習得→活用→探究の過程を踏む　098

2 習得→活用→探究の過程を踏まえた単元デザイン　098

1 説明的文章の単元デザイン　098

2 文学的文章の単元デザイン　099

3 他教科との関連を図る単元デザイン　100

第6章 思考力・判断力・表現力を育てる課題学習の授業プラン

—— 説明的文章の授業プラン ——

1 『じどう車くらべ』(1年) 106

1 単元の目標　106

2 教材研究　106

3 指導計画(8時間)　107

4 指導の実際　108

2 『すがたをかえる大豆』(3年) 115

1 単元の目標　115

2 教材研究　115

3 指導計画(9時間)　115

4 指導の実際　117

3 『生き物は円柱形』(5年) 124

1 単元の目標　124

2 教材研究　124

3 指導計画(10時間)　125

4 指導の実際　126

—— 文学的文章の授業プラン ——

1 『スーホの白い馬』(2年) 132

1 単元の目標　132

2 教材研究　132

3 指導計画(11時間)　133

4 指導の実際　134

2 『ごんぎつね』(4年) 141

1 単元の目標　141

2 教材研究　141

3 指導計画(10時間)　142

4 指導の実際　143

3 『海の命』(6年) 150

1 単元の目標　150

2 教材研究　150

3 指導計画(10時間)　151

4 指導の実際　152

第1章

新しい時代に必要な
資質・能力の育成を
めざす課題学習

1
思考力・判断力・表現力を育てる 国語科の課題学習

1　国語科の課題学習とは

　算数では問題解決学習が一般に行われている。理科も同様である。実験提示をし，疑問や問題をもたせる。その上で問題を提示，それについて予想を立てる。実験をして検証，その結果をまとめ原理原則を見つけていく。また，社会では社会的事象を提示し，理科と同様問題解決学習が行われている。さらに，総合的な学習の時間では，自ら課題を設定し，課題解決のために間接体験や直接体験をして，課題を解決している。

　このようにして，自ら課題を発見し解決していく過程で，「思考力・判断力・表現力」を育てている。

　では，国語科の学習ではどうか。

　国語科では，課題解決のための自己学習をし，自力で解決する場面がやや少ない。めあては提示するものの，「発問をする」「答える」「発問をする」「答える」というような過程を繰り返し，十分に話し合った後に，めあてに沿って自分の考えをまとめるという活動が設定されがちである。これでは，一人一人の思考力が十分に発揮されない。課題に沿って自力で解決してはじめて，思考力は育つ。

　「思考力・判断力・表現力」の育成のためには，国語科の課題学習が最適であると考える。

　国語科の課題学習は課題を設定し，課題解決の方法を工夫し，一人一人が自己学習をして，課題を解決する。その解決した内容を基にグループや全体で協働的な学び合いをする。学び合いの過程で，評価基準を設定し，自己評価をする。その結果に基づいて，評価基準に到達した子供は深化学習をする。

評価基準に到達しない場合は，学習のやり直しの条件に沿って，学習のやり直しをする。こうして，どの子供をも，目標に到達させるものである。その過程で読む能力，学習過程の学び方を通し，「思考力・判断力・表現力」「学習に向かう意欲・態度」を培うものである。

課題学習の学習過程を整理すると次のようになる。

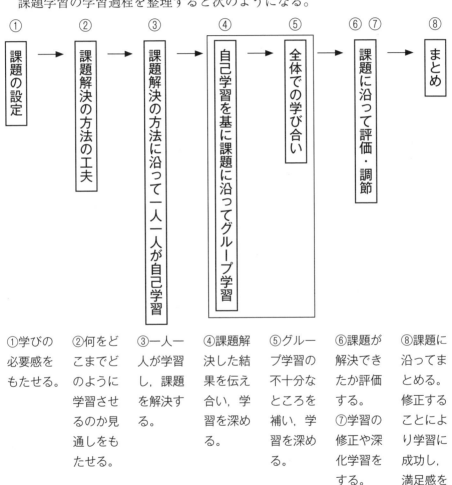

第1章　新しい時代に必要な資質・能力の育成をめざす課題学習

2 課題学習は授業の構造を変える

1 一般に行われている国語科の学習

　4年『一つの花』で，「場面の情景やお父さんの気持ちを想像しながら読む」の学習事項の学習について考えてみる。

　まず，めあてを教師が提示する。クライマックスの場面が本時の学習範囲だとすると，「家族と別れる時のお父さんの気持ちを考えよう」とする。続いて，教師が「今日の場面を音読しよう」と指示する。何のために音読するのか，読む目的もなく子供は読んでいく。また，「めあて」と「音読」との関連性もなく授業は展開する。本時の学習範囲を読むと，教師の発問で粗筋を押さえる。

　粗筋を押さえたら，「お父さんの気持ちを書いてください」と教師が指示する。お父さんの気持ちを想像するためにどんな方法で学習するのかの助言もなく，子供たちは書いていく。そのため，「さびしい気持ち」「悲しい気持ち」というような観念的な表現になってしまう。「想像する」とはお父さんの気持ちが表れている表現を手がかりに，自分がお父さんの立場に立って思いを描くことである。そうすると，お父さんの気持ちに共感したり，同感したりして作品の世界に入り込み，読む楽しさが実感できる。

　今は，主体的・対話的で深い学びの実現のためにペアやグループでの学び合いを位置付けている。しかし，何について話し合うのかその視点が明らかにされていない。本時の学習範囲は，「『一つだけちょうだい』がはじまり，お母さんがゆみ子をあやしている場面」と「一輪のコスモスをわたし，汽車に乗っていく場面」によって構成されている。話合いをするならばこの2つの場面の話合いが必要である。ゆみ子の様子とお父さんの気持ちが分かる言葉とを関連付けて想像し，想像したお父さんの気持ちを話す。そうしないと，深い学びは実現できない。さらに，グループで学習したことをまた全体で同じことを繰り返すので，子供たちの学習意欲は喪失して，沈滞してしまう。

最後に,「今日の学習を振り返ってみましょう」という指示で,子供たちは振り返る。振り返る観点もないので,「楽しかった」「おもしろかった」で終わってしまう。

　授業の構造を変えようとする姿が現場には見られるようになったが,まだ,教師主導になっている。その典型は,学習過程が「導入」「展開」「結末」になっていることだ。

【一般に行われている授業と課題学習との比較】

過程	一般に行われている授業	課　題　学　習
課題提示	めあてを教師側がぽんと出す	子供が持つ疑問・問題を基に教師と子供が話し合いながら課題を作っていく
学習方法の工夫	要旨の読み取り方,想像の仕方,自分の考えの持ち方など学習方法が明らかでない	課題を解決するためにどんな方法で解決するのか学び方を工夫する
課題解決のための自己学習	「何をどこまでどのように学習するのか」自覚がないまま学習が進められている	課題をどんな方法で学習するか子供たちは分かり,課題解決のための自己学習をする
協働での学び合いグループ	何をどんな方法で話し合うのかはっきりしない	学び合いの視点や方法を明らかにして話し合いをする
全体	グループ学習と同じ内容について話し合っている	グループ学習の不十分なところを話し合い,補う 語句・用法について知識理解を深める

第1章　新しい時代に必要な資質・能力の育成をめざす課題学習　11

評価	自分の学習の結果に対して，評価がない 振り返りはするが何を振り返るかはっきりしない	評価基準に沿って自己評価をする その結果に基づいて修正したり深化学習をしたりする
まとめ		こんな方法で学習したら内容的な価値を読み取ることができたことをまとめる 学習方法がプールできるようなまとめ方をする

3 課題学習は主体的な学びを促す

1 自ら課題を設定している

学習範囲を読むと「なぜ」「どうして」と疑問や問題が生まれる。その疑問や問題を基に課題を設定する。この課題で学習すると学習指導要領の「思考力・判断力・表現力」の「読むこと」の学習事項が学習できるような課題を設定する。

教師と子供たちと話合いをしながら教師がまとめていく。

何をどこまで学習するのか一人一人の子供たちが自覚すると，子供たちは主体的になる。

2 自ら見通しをもって，自ら課題を解決している

課題学習において，子供たちが一番主体的になるのは課題解決の場面である。「何を」「どこまで」「どのように」学習するかが分かるのでその課題解決に向かって主体的に学習する。

3 **自ら解決した結果をグループで協働的に学び合っている**

　一生懸命に課題解決をしたので，自信をもってグループ学習に臨むことができる。

4 **自ら学習結果を評価している**

　真剣に学習すればするほど，自分の学習結果が適切かどうか気になる。評価基準に沿って進んで自己評価ができる。

5 **課題解決ができない場合は，自らフィードバックして修正する**

　グループで話し合っているうちに，自分はどこをどのように読み落としているのか，自分の考えにはどこが不足しているか分かってくるので，自ら修正しようとする。

2
課題学習で育つ資質・能力

1　知性・感性・社会性の調和のとれた人間性

1 **説明的な文章を読むことにより，知性や社会性を育てる**

　2年『たんぽぽのちえ』を読むと，子供たちは仲間を増やすためのたんぽぽのちえについて知識を得る。すると，植物の不思議さに感動する。

　また，3年『ありの行列』を読むと，「ありは，ものがよく見えない。それなのになぜ，ありの行列ができるのか」そのわけを実験を通して筋道立てて答えを導き出す。このように筆者の考えの進め方を読み取ることによって，行列ができるわけと同時に筋道立てて考える力が育つ。

　さらに，5年『想像力のスイッチを入れよう』では情報を批判的に読むことの大切さが分かり，批判的な思考力が育つ。

第1章　新しい時代に必要な資質・能力の育成をめざす課題学習　13

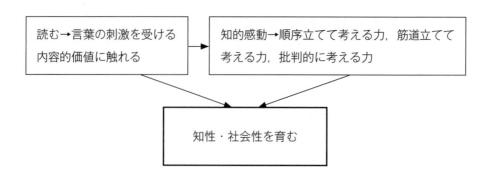

2 文学的な文章を読むことにより感性を育てる

　ここに3年『モチモチの木』の作品がある。ストーリーの展開をたどって，子供たちは読む。すると，「空いっぱいに広がっているモチモチの木。ぼくだって，こわくて真夜中にせっちんにはいけないよ」「豆太は大好きなじさまを助けるためにねまきのまま，はだしで医者様を呼びに走った。ぼくも大好きな人のためなら豆太と同じようにできるかな」「豆太は本当に勇気のある子供だったが，夜になるとじさまを起こし，しょんべんというところはとてもかわいい」などと子供たちは豆太の行動に同感したり，共感したりしながら読む。時には，はらはらしたり，ドキドキしたりする。
　このようにして子供たちは言葉の刺激を受け，感覚・感情が磨かれ，感性を育む。まとめてみると次のようになる。

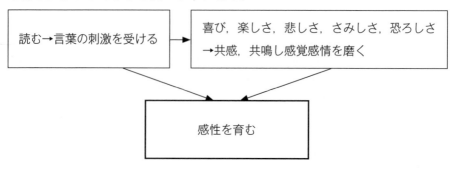

2　言語能力と思考力・創造力・想像力・表現力・判断力

　新学習指導要領では「思考力，判断力，表現力等」の中に「Ａ　話すこと・聞くこと」「Ｂ　書くこと」「Ｃ　読むこと」の学習事項が入っている。
　「読むこと」の学習事項は「構造と内容の把握」「精査・解釈」「考えの形成」「共有」によって構成されている。
　これらの学習事項を学習することによって思考力・創造力・想像力・表現力・判断力が育つということである。
　具体的に述べてみる。

説明的文章において

1　時間的順序に沿って読むことによって，順序立てて考える力が育つ

【1～2年　事柄の順序や時間的順序に沿って読むことによって,順序立てて考える力】
例　『たんぽぽのちえ』（2年）
　春にさいたたんぽぽが，仲間を増やすためにたねを飛ばすまでの過程を時間的順序を追って書いてある。

　全文を直観的に読んで内容の大体（あらまし）を捉えることによって，順序立てて考える力が育つ

2　事実（体験）を根拠に筆者の考えを読むことによって筋道立てて考える力が育つ

【3～4年　事実と意見の関係を考えることによって,筋道立てて考える力】
例　『動いて，考えて，また動く』（4年）
　自分にとって最高のものを実現させるために体験的事実（ひざを高く

あげる，足を思い切り後ろにける，腕の振り方）を基にして，その体験の意味付け（筆者の考え）を述べている。このことを通して自分にとって最高のものを実現させるためには，「まず動く，そして考えることが大切である」と主張している。

全文を直観的に読んで，体験的事実を根拠にして，筆者の主張を捉えることによって筋道立てて考える力が育つ

3　事例を根拠にして筆者の意図を読むことによって論理的に考える力が育つ

【5～6年　事実を根拠にして,筆者の意図を読み取り,論理的に考える力】
例　『自然に学ぶくらし』（6年）
　地球の資源が少なくなっている今，自然の仕組みを利用した事例を根拠にして自然そのものから学ぶ新しい暮らし方（筆者の考え）を述べている。このことから，「自然に学び，新しい暮らし方の在り方を考えていくことこそ，これからの私たちに求められる社会のえがき方なのである」と筆者は意図を述べている。

　全文を直観的に読んで，事実を根拠にして，筆者の意図を捉えることによって，論理的に考えたり，筆者の考えの裏にある私たちにどんなことをしてほしいか推論したりする力が育つ

文学的文章において

1 「構造と内容の把握」の学習によって鑑賞する力が育つ

【「構造と内容の把握」の学習によって鑑賞する力】
- 1～2年　場面の様子や登場人物の行動など，内容の大体を捉えること。
- 3～4年　登場人物の行動や気持ちなどについて，叙述を基に捉えること。
- 5～6年　登場人物の相互関係や心情などについて，描写を基に捉えること。

鑑賞する力が育つ

2 「精査・解釈」の「～具体的に想像すること」によって，想像力が育つ

【「精査・解釈」の学習によって想像する力】
- 1～2年　場面の様子に着目して，登場人物の行動を具体的に想像すること。
- 3～4年　登場人物の気持ちの変化や性格，情景について，場面の移り変わりと結び付けて具体的に想像すること。
- 5～6年　人物像や物語などの全体像を具体的に想像したり，表現の効果を考えたりすること。

想像する力が育つ

3　課題解決の過程で育つ力

　1時間の学習過程に沿って学習することによって，次のような能力が育てられる。このような能力は様々な課題に直面した場合，子供たちが自ら切り

拓いていくために必要な能力である。

1　課題発見能力

　言葉の刺激を受ける。「なぜ」「どうして」という疑問や問題をもつ。このことを中沢政雄先生は課題状況の認識と言っている。ここから課題を発見する。課題を発見する方法を学習することによって課題を発見する能力が育つ。

2　課題解決能力

　課題を解決するための様々な方法を駆使して，解決することによって課題解決能力が育つ。

3　課題に即して交流する力

　協働的な学び合いを学習過程に位置付けているので，課題解決した内容を基に交流する力が育つ。

4　課題に即して評価する能力

　課題解決をした結果が適切かどうか評価基準に即して評価する能力が育つ。そのためには課題に対する評価基準の設定とその理解が大事である。

5　課題解決ができない場合はフィードバックして修正する能力

　子供たちは真剣に学習すればするほど，学習に成功したいと思う。学習のやり直しのヒントを基にして，学習をやり直し修正すると修正する力が育つ。

4　主体的に学ぶ意欲や態度

　課題解決つまり学習に成功することによって，学習方法がプールされ，次のような意欲・態度が育てられる。

- 課題を発見しようとする意欲・態度
- 課題を解決しようとする意欲・態度
- 多様性を受け入れる態度
- 仲良く話し合い，課題を解決しようとする態度
- 学習の結果を振り返ろうとする態度

このような態度の裏付けがあってこそ，主体的な学習ができる。

5　学び方を学ぶ力

１　課題解決の過程を学ぶ

　問題に直面する。その解決のためにどのように解決したらいいのか様々な方法を駆使して解決する。その結果を検討して生活の改善なり，向上につながる。このように予測不能な社会に生きていく子供たちにとって，課題解決の過程を学び，活用していくことが生きて働く力になる。

２　国語科の言語能力を身に付けるための学習法を学ぶ

　「想像しながら読む」「内容の大体を読む」「中心的事項を読む」「要旨を読み取る」「事実と意見を判別しながら読む」「要約する」などの学習の方法を身に付けることがすべての教科の学習の基礎になる。

３　学習過程における学習方法を学ぶ

　「課題設定の方法」「話し方・聞き方の方法」「話合いの方法」「評価の方法」「修正の方法」などの学習方法を学ぶ。主体的・対話的で深い学びの実現のためには，「話し方・聞き方の方法」「話合いの方法」を習得・定着させることが大事である。これらは各教科及びすべての教育活動に活用できる。

第1章　新しい時代に必要な資質・能力の育成をめざす課題学習　19

4 思考法を学ぶ

・順序思考（時間的な順序や事柄の順序など順序よく考える思考法を学ぶ）

・要点思考（要点を提示し，それらを具体的に説明する思考法を学ぶ）

・「物を見る，考える」場合の思考法（まず，直観的に考える，次に，分析的に考える，ばらばらに考えたことを結び付け体制的に考えるというような思考法を学ぶ）

・自分の考えを述べるためには根拠を明らかにして述べる思考法を学ぶ。

・ここに述べられている事実は客観的なのか，その客観的な事実を基にして意見を述べる思考法を学ぶ。

第2章

思考力・判断力・表現力を伸ばす課題学習

1 主体的な学びと思考過程に沿った読みの過程

　一般には，単元の学習過程を「第1次」「第2次」「第3次」としている。
　中沢政雄先生は単元の学習過程を「直観過程」「分析過程」「体制過程」と提唱している。これは，私たちの思考過程・認識過程に沿ったものである。
　私たちは物事を見たり，考えたりするときにまず直観的に考える。
　ある時，友人に会ったとする。その瞬間，「○○さんの洋服は素敵だな」と感じたとする。次に，「なぜこんなに素敵なのか」と分析的に考える。すると，「色がいい」「形がいい」「デザインがいい」というようなことが分かる。「色」「形」「デザイン」などばらばらに見ていたものを相互に関連付けて捉えると，その素敵さが改めて分かる。
　このように，私たちは，物事を認識したり，思考したりする場合に，「直観的」に見る・考える。次に，「なぜこんなに素敵なのか」「なぜこんな感じを受けたのか」という疑問を基に，「分析的」に見る・考える。さらに，ばらばらに見てきたものを，「体制的」に見る・考える。
　これらの思考過程・認識過程を読解の過程にあてはめて考えてみる。

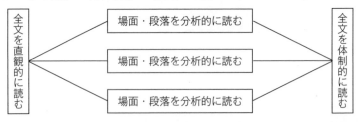

1　直観過程

　「直観的に読む」とは，全文を語句や新出漢字等の細かいことを考えずに一気に読み通し全体を捉えることである。
　説明的文章や文学的文章の全文を一気に読む。読んでどんな学習事項を学

習するかとなると次のようになる。

【説明的文章】

・書かれている内容の大体を読み取る。（1〜2年）
・中心的事項を読み取る。（3〜4年）
・要旨や意図を読み取る。（5〜6年）

【文学的文章】

・作品の粗筋を読み取る。（1〜2年）
・感動の中心を読み取る。（3〜4年）
・作者の一番言いたいことを読み取る。（5〜6年）

2　分析過程

　直観的に読み取った内容はあいまいなものである。それらをより確かに読み取っていくのが分析読みである。各段落，各場面について読む。

　分析読みでは，学習指導要領「Ｃ　読むこと」の「精査・解釈」のウ・エの学習事項を学習する。

　説明的文章において，直観的に中心的事項を読み取ったとする。それはあいまいなものである。そこで分析読みではその直観的に読み取った中心的事項を支える事例や考えを段落ごとに捉えていくのである。

　また，文学的文章では直観読みで感動の中心を捉えたとする。その感動の中心はどこからきているのか，場面の移り変わりと結び付けて，場面の情景や登場人物の気持ちの変化を想像しながら読み取っていくのである。

　分析読みでは語句の意味や用法の理解も含まれる。

3　体制過程

　体制読みでは分析読みでばらばらに読み取った内容を相互に関連付けて，

第2章　思考力・判断力・表現力を伸ばす課題学習　23

中心的事項や感動の中心を押さえる。つまり，中心的事項や感動の中心の根拠になることを結び付けることである。その上で自分の考えを書いたり感想を書いたりする。つまり，学習指導要領の「C　読むこと」の「考えの形成」のオの学習事項の学習をする。

　具体的に学習場面を想定して考えてみる。

　説明的文章の情報文において，分析読みでは事実と筆者の考えを判別しながら読んで，筆者の考えを捉えている。次に，体制読みでは各段落で読み取った筆者の考えを関係付けながら全文を読んで情報意図を捉える。その情報意図の裏に隠された筆者の思いや願いを考える。

　また，文学的文章では場面の移り変わりと結び付けて，場面の情景や登場人物の気持ちの変化を想像しながら読み取っている。場面の情景と気持ちの変化を関連付けながら全文を読むことにより一層感動が深まる。

　その感動の中心に対して，考えや感想をまとめるのである。自分が主人公の立場に立ったら自分ならどうするのか，それはなぜかなど根拠を明らかにしてまとめていくのである。

2
主体的な学びを保障する1時間の学習過程

　私たちが問題に直面したらどうするだろうか。

　まず，その問題は何か明らかにする。問題が明らかになったらどのようにして解決したらいいか方法を考える。図書資料や新聞・雑誌などで調べるのか。また，自分の足で歩き調べるのか，その方面の造詣の深い方にインタビューするのか，実験・観察をするのか，いろいろな方法を考える。このようにいろいろな方法で課題を解決しようとする。解決するとその内容が正しいのかどうか評価する。十分でなかったならば，フィードバックする。この試行錯誤を繰り返しながら問題を解決していく。

　この問題解決の過程を1時間の学習過程に取り入れるのである。

　主体的に学習するためには，本時で「何を」「どこまで」「どのように」学

習するかが分かる必要がある。そのためには，学習課題の設定が大事である。課題を設定しても課題を解決するための方法がはっきりしないことには，どのように解決したらいいのか分からない。一人一人の子供が課題，課題解決の方法が分かると主体的に学習し，課題を解決することができる。

そうすると，子供たちはその学習の結果が適切かどうか，気になる。

だから，主体的に話合いに参加することができる。話合いの中でどのように読み取ればいいか，どのように考えればいいか漠然と分かる。そこで，一斉学習では評価基準を設定し，自己評価をする。評価の結果に即して，調節学習をしたり，深化学習をしたりする。

この過程は子供たちの学習に向かう姿勢や心理を大切にした過程である。

このような課題解決の過程を身に付けることによって，将来さまざまな問題に直面しても，自ら問題を発見・解決し，未来をたくましく生きていくことができると考える。

1 課題設定の過程

1 主体的に学習するための学習課題の設定

その課題で学習すると本時の目標に到達できるような課題を設定する。課題は子供たちが興味・関心をもち，学びの必要感のあるものである。子供にとって必要感のない課題では主体的に学習ができない。

設定にあたっては，能力の発達に応じて考える。

低学年では教師と子供たちのやり取りで設定する。中学年では子供たち同士のやり取りで設定する。高学年になったら自ら設定できるようにする。

説明的文章や文学的文章は子供たちの興味・関心を刺激するような表現や叙述がされている。

説明的文章では「話題提示文→課題提示文→筆者の考えとその考えを裏付ける事実(1)→筆者の考えとその考えを裏付ける事実(2)→中心的事項」など筆者の論理の展開を十分押さえた上で課題の設定につなげる。

第2章　思考力・判断力・表現力を伸ばす課題学習　25

文学的文章では，ストーリーの展開を大事にする。ほとんどの作品は「紹介語り→発端語り→展開語り(1)→展開語り(2)→クライマックス→結末」のようになっている。

書き手は，子供たちが話題に対して興味・関心をもつように入念に言葉を操って書いている。説明的文章の「話題提示や課題提示の文」や文学的文章の「紹介語り」を大事に扱いながら，その文章や作品に興味をもたせる。筆者の論理の展開や作者のストーリーの展開を大事にしながら読み進めると，「なぜ」「どうして」と疑問や問題をもつようになる。そのためには教師の適切な助言が必要である。

❷ 課題解決の学習方法の工夫

課題を設定しても課題解決の方法が分からないと主体的に課題を解決することはできない。

●説明的文章における学習課題と学習方法　『動いて，考えて，また動く』

（光村図書４年上）

『動いて，考えて，また動く』という教材が４年にある。この教材は，初めの段落に話題を提示し，「『まず動く，そして考える』ことが自分にとって最高のものを実現できる」という考えを述べている。なぜ，そのような考えをもつようになったか。その考えを裏付けるために，筆者の経験的な事実（「ひざを高く上げないで走る走り方」「足を思い切り後ろにける走り方」「うでのふり方」）とその体験的事実を基に分かったこと（筆者の考え）を述べている。最後の段落には，これらの体験から分かったことを通して，「こうした経験から……，自分にとって最高のものを実現するためには，……だということです」（光村図書４年上，p.47）と述べ，読み手に自分から積極的に動いて，あなたにしかできない方法を見つけてほしいと訴えている。

・本時の学習事項

学習事項は，３・４年の「Ｃ　読むこと」の「構造と内容の把握」の「ア　段落相互の関係を着目しながら，考えとそれを支える理由や事例との関係

などについて，叙述を基に捉えること」である。ここでいう「考え」は体験を通して分かったこと，「事例」とは自分の経験的な事実である。

　段落相互の関係は，「話題提示」と「考え」を述べている段落を受けて，その考えを裏付けるために，「ひざを高く上げないで走る走り方」「足を思い切り後ろにける走り方」「うでのふり方」について並列に述べている。

・**本時の課題**

　本時の学習範囲は第3段落・第4段落とする。上記の学習事項を学習するための課題を次のように設定する。「筆者はどんなことになやみ始めましたか」と発問し，第2段落を読ませる。すると，「大きな動作で走ると，苦しくて最後まで力が続かないのです。『何かがちがうのではないか。』となやみ始めました」という文章に読み手は反応する。と同時に，「なやんだ筆者はどうしたのかな」「筆者はなやみを解決するためにどんなことをして，どんなことが分かったのかな」などと疑問や問題をもつ。そこで第3段落・第4段落を読むと，「べつの走り方をためしたこと」「気がついたこと」が書かれていることが分かる。「そのことを詳しく読む課題をつくりましょう」と助言し，課題を設定する。子供から出た課題を教師がまとめていく。

> 課題　自分の走り方になやみ始めた筆者はどう動いたのか。そのことから，どんなことが分かったか。

・**課題解決のための学習方法**

　「この課題をどのような方法で調べていきますか」と発問し，子供がもっている学習方法を引き出すようにする。

　課題解決の方法は，体験的な事実（事例）とそれを通して分かったこと（考え）の読み分けが大切になる。読み分けができるような学習方法を考える。

第2章　思考力・判断力・表現力を伸ばす課題学習　27

【課題解決のための学習方法】

1　第3，第4段落を読む。

2　どう動いたのか（事実，言い切っている）はまっすぐな線。どう考えたか（「～～のです」「気がつきました」）は波線を引く。

3　段落と段落の関係が分かるように要約して図に書き表す。

●文学的文章における学習課題と学習方法　『スイミー』（光村図書2年上）

　この作品は，紹介語りでスイミーについて紹介している。「ある日のことでした」で発端語りがはじまる。ある日，小さな魚はまぐろにのみこまれ，スイミーだけ逃げた。発端の事件を受けて，それがきっかけになって次々に話は展開していく。展開語り1では，さびしかったスイミーは海の中のおもしろいものを見るたびに元気になってきた。展開語り2では岩かげにかくれている自分の仲間を見つけたスイミーは大きな魚を追い出すことを考えた。クライマックス，結末では，スイミーは小さな魚が集まって大きな魚のふりをすることを考えた。スイミーは目になり大きな魚を追い出したという話である。ストーリーの展開がはっきりしているので，粗筋や場面の様子が描きやすい。

・本時の学習事項

　学習事項は，1・2年の「C　読むこと」の「精査・解釈」の「エ　場面の様子に着目して，登場人物の行動を具体的に想像すること」である。

　登場人物の行動を具体的に想像するために，行動について書かれている叙述を手がかりに，自分がスイミーになってスイミーの言葉でその時の行動や気持ちを想像する。想像する時は自分がもっている知識や経験が基になる。想像したことは漠然としているので，外部行動化すること（書いたり，話したりする）によってはっきりする。

・本時の課題

　本時の学習範囲は「岩かげにかくれている自分の仲間を見つけた場面」と

する。前時の場面の様子を想起させ，ストーリーを続ける。子供たちは「スイミーはどうしたかな」と期待をもって学習に臨めるようにする。

　まず，本時の学習範囲を直観的に読み，粗筋を押さえる。

　「元気になったスイミーはどうしたか考えながら読みましょう」と発問する。子供たちは，「岩かげにかくれた場面」を「スイミーはどうしたか」考えながら微音読する。子供たちは，本時の学習範囲の粗筋を押さえることができる。捉えた粗筋を次のように板書し，まとめる。こうして本時の学習の見通しをもつことができる。

・スイミーは，自分とそっくりのなかまをみつけた。
・スイミーは，赤いさかなたちのこたえを聞いて，なかまを外に出すためにうんと考えた。

> 粗筋を捉えると表象単位（想像を描くまとまり）は2つであることが分かる。

　次に，叙述に下線（「みつけた」「なかまを外に出すためにうんと考えた」）を引きながら，「スイミーが自分のなかまを見つけた時や，外に出すためにうんと考えた時，スイミーはどんなことを思ったのかな。その時のスイミーの様子や気持ちを詳しく読んでいきましょう。どんな課題で読むかな」と助言する。子供から出た課題をまとめるようにする。子供から出た課題を容認しながら，課題をつくって学習を進めていこうとする意識を高めていく。

　捉えた粗筋を詳しく読もうとする必然性のある課題にする。

課題　スイミーは自分とそっくりの魚をみつけたとき，どんなことをおもったでしょうか。
　スイミーは赤いさかなたちを外に出すために，どんなことをおもいながらうんと考えたでしょうか。

第2章　思考力・判断力・表現力を伸ばす課題学習　29

・課題解決のための学習方法

　想像の仕方が分かるような学習方法を考える。

　学習シートはスイミー，岩かげにいる小さな魚たちの位置関係が分かるようにし，場面全体を描けるようにする。

【課題解決のための学習方法】

1　課題を分析する。（2つのことを想像することを押さえる。）

　　ア　自分のなかまをみつけた時

　　イ　赤い魚を外に出すために考えている時

2　スイミーのようすや気持ちが分かる言葉に線を引く。

3　スイミーになってスイミーの思ったこと，考えたことを書く。

2　自己学習（課題解決）の過程

　一人一人が課題に沿って，学習方法を駆使して自己学習をする。つまり，一人一人が課題解決をする過程である。しかし，学級の中に30人いれば，能力差がはっきりとある。その能力差があるにもかかわらず，課題解決のための方法が一つしかなかったならば，能力的に低い子供たちは学習に取り組むことが難しい。その子供たちに対して，何らかの手立てをとる必要がある。つまり，その能力差に応じた学習方法や学習シートを工夫することが大事である。

　到達する目標は同じである。その解決の過程を能力差に応じて具体的にすることが大事である。

　まず，「学習する能力」について診断的評価を行い，その結果を分類し，パターン化する。子供たちの反応を基にして，学習法，学習シートを工夫する。診断的評価が難しかったならば，日ごろの授業観察を基にしてもよい。このことについては第4章の1―1（p.90）で具体的に述べる。

　自力でどんどん学習できる子供は自由に課題解決をさせる。少しヒントが

必要な子供にはヒントを与える。さらにそれだけでは難しい子供には，課題解決の過程を具体的にしてあげる。学習方法が3種類あるとしたら，どの方法で学習するかは，教師が与えるのではなく，子供自身に選ばせる。そうすれば，子供の自尊心は傷つかない。

　何をどうすればよいかが分かるとどの子供も課題解決に意欲的になる。1時間の学習の中で一番主体的になる場面である。子供は一心不乱に課題を解決しようとする。

　自分なりに課題解決をした中身があるからこそ次の協働的な学びにつながっていく。自分の課題解決した内容がなかったならば，一方的に友達の学習結果を聞くことになり，積極的な関わりができなくなる。これでは学習がつまらなくなる。十分な課題解決ができなくても，自分なりの学習結果があると，自分の学習結果はどうなのか気になる。だから，次の協働的な学び合いに参加できる。

3　共同学習の過程

■ グループによる学び合い

　30人の学級だとすると自己学習の結果を30人がそれぞれ発表することは難しい。どの子供にも発表の機会を与え，満足感をもたせることが大事である。そこで，少人数のグループを編成するとどの子供も自信をもって発表することができる。そうすると，一方的に聞くことのみの学習から回避される。

●1～2年の対話的な学び合い

　1～2年では課題解決した内容を1対1で伝え合う。

　1～2年の話合いの目的はどの子供にも臆することなく伝え合う気持ちを育てることである。「私はこのように思った，考えた」と隣同士，または前後の子供同士で伝え合う。すると，相手は「いいね」「よく分かった」などと友達の思いや考えに共感することが大事である。時には，相槌を打ったり

第2章　思考力・判断力・表現力を伸ばす課題学習　31

する。もし，友達の思いや考えが分からなかったら率直に質問したり，その質問に答えたりする。そのためには，自分の思いや考えが伝わる声の大きさに気を付ける必要がある。学級においては，よく「声のものさし」を掲示している。それらを十分生かして相手に自分の思いや考えが伝わるようにする。

●3〜4年のグループでの学び合い

　3〜4年では課題解決した内容を3〜4人ぐらいのグループで伝え合う。

　3〜4年の話合いの目的は考えたことを伝え合う喜びをもたせ，自分の考えに自信をもたせることである。

　課題に沿って話し合うが，3〜4年は自分の思いや考えの根拠を話しながら伝えることができるようになるとよい。例えば，「第〇段落で大事なことは〜〜〜，第〇段落で大事なことは〜〜〜。だから，私はこのように要約しました。(要約したことを言う)」のように述べる。

　聞き手はどうしたらいいかというと，聞き手は課題に沿って聞くのと同時に自分の学習結果と比べて，「同じか」「違うか」を明らかにする必要がある。話し手は一方的に話す，聞き手は聞くのみではなく，話し手と聞き手は発表した内容を受けてつないでいけるようにしていきたい。そのためには話合いの見える化をする工夫が求められる。

●5〜6年のグループでの学び合い

　5〜6年では課題解決した内容を4〜5人ぐらいのグループで伝え合う。

　5〜6年の話合いの目的は考えたことを発表し合い，自分の考えを深めたり広げたりすることである。

　課題に沿って話し合うが，5〜6年は読み取ったことに対して根拠を明らかにして自分の思いや考えを述べる。聞き手は課題に沿って聞くが，自分の学習結果と比べて，「同じか」「違うか」を明らかにする。さらにその違いはどこからきているか，根拠を明らかにして話す必要がある。

　このような話合いの中で，子供たちは課題に対してどのように読み取って

いればよいのか次第に分かってくる。この過程が「聞く」だけではなく，その話合いの過程が見える化すると理解が深まると考える。

　最近はデジタル化が進み，デジタル教科書を使っている学校もある。今まではボードを使って話合いの過程を見える化していた。今やタブレットを活用すると効果的な話合いができる。根拠になる言葉を上段に書き出し，その下に考えたことや想像したことの内容をメモ書きする。それらを同じところ，違うところを関係付けることにより，話合いが一層充実し，思考力が育つ。国語科の学習事項をより確かに習得させるためにタブレットの有効な活用を追究していきたい。

② 全体による学び合い

　グループの学び合いを基に学習を進める。グループの学び合いの結果をまとめていれば，それを基に学習を展開してもよい。子供たちはそれらと比べながら聞く。自分の学習結果を比べて違うところの根拠を明らかにして話す。そうすることによって自分の思いや考えが広がっていく。根拠になる語句については文脈の中で十分理解させる。また，情景描写が十分描けなかったため，想像の中身がやや観念的になっていたら情景描写を描かせる。表象単位（想像のまとまり）が抜け落ちていたとしたら，その部分を想像させる。

　教師はグループ学習の様子を観察して何が十分にできていて，何が不十分なのか明らかにしておくと次の全体の学び合いに反映することができる。

　あくまでも，自分の思いや考えを発表するのみではグループでの学び合いと何ら変わらない。教師は学習を広げたり深めたりする視点をあらかじめもっておくことが大事である。

4　評価・調節の過程

① 評価基準を決める

評価基準とは評価のものさしである。グループや全体の話合いの中でどの

第2章　思考力・判断力・表現力を伸ばす課題学習　33

ように想像したらいいか，どのような考えをもったらいいかおぼろげながら分かっている。それらをまとめてあげればよい。

　文学的文章を例にとってみる。「想像する」とは書かれている叙述を基に自分のもっている知識や経験を活かしながら想像していくのである。だから，一人一人の子供の想像の中身は個性的である。「こう想像しなさい」というわけにはいかない。だから，想像の手がかりになる言葉が評価基準にあたる。いわゆるキーワード，キーセンテンスである。

　説明的文章では，課題に対してどのように読み取っていればよいか，「叙述」と「その叙述をどのように課題に即してまとめている」かである。叙述をそのまま書き写すのではなく，課題に沿ってまとめることによって思考する力が育つ。

　授業を設計するに当たり，毎時間の目標を行動目標として設定することによって，授業者は評価基準を容易に提示しやすくなる。

　行動目標とは学習する能力が働いた結果，ここまで到達させたいという評価基準を含めて設定することである。この目標を設定することによってぶれずに授業を進めることができる。

② 自己評価をする

　その基準に照らして自己評価をすればよい。基準に照らして判断した結果に，「○」「□」「△」を付けることを約束すればよい。

　文学的文章では次のようになる。

・手がかりになる言葉を基に想像できている　　　　　　　　　　「○」

・手がかりになる言葉を読み落としているので少し想像が足りない　「□」

・言葉を基にしないで自分で勝手に想像している　　　　　　　　「△」

　客観的な評価能力が発達するのは３年生ごろからだと言われている。しかし，１〜２年でも「できたか」「できなかったか」は判る。

事前に子供たちはどのような反応をするか考えておけばよい。

・想像の手がかりになる言葉を基に想像ができている。
・想像の手がかりになる言葉を読み落としていたために想像が十分できなかった。
・叙述に書かれていないことを勝手に想像していた。
・叙述をそのまま書き写した。

大体4種類にパターン化できる。これらを基に，課題に対する反応も考える。説明的文章では次のようになる。

・どんなことからどのような考えを述べているか，大事な言葉を落とさず課題に合ったまとめをしている　　　　　　　　　　　「○」
・大事な言葉を落としているが，課題に合ったまとめ方をしている「□」
・大事な言葉を落とし，課題に合ったまとめ方をしていない　　　「△」

---

③　調節学習

　学習のやり直しである。評価の結果を自覚すると修正して課題に到達しようという自己完成の意欲が起きる。

　手がかりになる言葉を読み落とした場合は，その言葉を読み落とさないようにしたり，その言葉の表す意味を考えたりして読み直し，付け加えていくとよい。また，言葉を基にしないで自分で勝手な想像していた場合は，どの言葉を基に想像したか質問する。そうするとどこにも書いていないことに気付く。つまり恣意的な想像であることが分かる。もう一回読み直しをしてから叙述を基に想像し直す。「□」や「△」の評価が付いた子供にはもう一度読み直しをさせて，言葉に注目させる。「○」の子供には深化学習の課題を与える。1時間の学習の結果を自覚し，修正して深い学びができる。

第2章　思考力・判断力・表現力を伸ばす課題学習　35

5　まとめの過程

　この過程で大事なことは，「こんな方法で学習したら，学習に成功した」という学習の方法をプールさせることである。「今日の学習がよくできたのは，サイドラインの引き方が分かり，自分が登場人物になって書くことができたので場面の様子や登場人物の気持ちを想像できたのですね」「事例と考えを区別しながらサイドラインを引いて読んでいくと，筆者はこんな事例を基に自分の考えを述べているのが分かりますね」のように学習方法をプールすることによって学習方法の引き出しが増えていくのである。多くの学習方法を習得することによって，子供たちの主体的な学習が保障される。

　例えば，評価表を基に振り返るのも一つである。一つは学習に向かう態度二つ目は学習の方法，三つ目は本時の目標に到達したかどうか，について評価してもよい。

　1年生『ずうっと，ずっと，だいすきだよ』の評価表の例である。

　1年生はまず国語の学習は「楽しい」「好きである」という思いを育てることが大切である。そこで，次のような内容を考える。

観点	評価
①　きょうのがくしゅうはたのしかったですか。	
②　エルフのようすや「ぼく」のきもちをぼくになってかくことができましたか。	
③　かだいについていっしょけんめいべんきょうしたり，ともだちとなかよくつたえあうことができましたか。	

　評価表でまとめをする。「よくできたら〜花丸　できたら〜丸」と事前に約束をしておくと子供たちは自分でまとめができる。

　教師は次時に期待をもたせるようにして授業を終わらせる。

3
主体的な学びと学習課題

1　学習課題とは

１　課題学習の課題は授業の命である

　課題で授業の方向性が決まる。子供たちは課題で自己学習し，課題で学び合いをし，課題で評価し，課題でまとめていく。授業の心棒である。課題があいまいであると何をどのように学習したらいいか子供たちは分からない。そうすると自己学習ができない。自己学習ができなかったならば，基本的能力も内容的価値も身に付かない。そういう意味で，学習課題は授業の命であると考える。

２　学習課題とは何か

　端的に答えるとすれば，「解決しなければならない問題」である。だから，「〜〜〜しよう」「〜〜〜考えよう」ではなく，「〜〜〜だろうか」と問題として提示する。

３　課題としての条件

●課題とは「何を　どこまで　どのように」学習すればよいかが分かるもの

　子供たちが主体的に学びに向かうためには，「何を」「どこまで」「どのように」学習すればよいかはっきりと分かる課題である必要がある。そうすると課題を解決しようとする意欲に支えられ，主体的に自己学習ができる。

●課題とはその課題で学習すると内容的な価値や基本的能力が身に付くもの

　その課題で学習すると学習指導要領の〔思考力，判断力，表現力等〕の「Ｃ　読むこと」の学習能力が身に付き，その学習能力が働いた結果，その教材の内容的価値が身に付くもの。低学年の文学的文章でいえば，内容の大

第２章　思考力・判断力・表現力を伸ばす課題学習　37

体を読む能力が働くと，その作品の粗筋を捉えることができる。また，高学年の説明的文章では，要旨を読み取る能力が働くと，その説明的文章における筆者が一番伝えたい考えを捉えることができる。このように能力と内容的価値が一体的に学習できる課題がよい課題である。

●課題とはその課題で学習すると本時の学習目標に到達できるもの

　本時の学習目標は行動目標で設定する。行動目標とは学習する能力が働くとここまで到達させたいという評価基準（内容）を含めた形で表す目標の設定の方法である。行動目標に到達させるためには，その課題で学習すると目標に到達できるような課題を設定する必要がある。

●課題とは子供にとって学習の必要感や学習意欲が喚起できるもの

　子供がいやいや学習するのではなく，主体的に学習するためには子供にとって必要感のあるものである。そのためには子供に疑問，問題をもたせることである。たえず，「なぜ」「どうして」という思いをもちながら読み進める。疑問や問題をもつと，それを解決するための課題が設定できる。

●課題に即して学習すれば思考力・想像力・表現力が育つもの

・学習事項と思考力

　「Ｃ　読むこと」の第1学年及び第2学年「構造と内容の把握」に「ア　時間的な順序や事柄の順序などを考えながら，内容の大体を捉えること」という学習事項がある。これは順序立てて読むことによって，順序立てて考える力が付く。

　また，第3学年及び第4学年「構造と内容の把握」に「ア　段落相互の関係に着目しながら，考えとそれを支える理由や事例との関係などについて，叙述を基に捉えること」という学習事項がある。段落相互の関係を読むことや筆者は自分の考えを述べるためにどんな事例を挙げているか考えることによって筋道立てて考える力が付く。

　さらに，第5学年及び第6学年「構造と内容の把握」に「ア　事実と感想，意見などとの関係を叙述を基に押さえ，文章全体の構成を捉えて要旨を把握すること」という学習事項がある。筆者は要旨を述べるために，どんな論を

展開しているのか。そのためにはどんな事実を根拠にして自分の考えを述べているかを捉えることが大事である。子供たちは筆者の論理の展開をたどって読む。その論理をたどることによって論理的に考える力が身に付く。

学習事項と課題の関係を押さえて課題を設定することが大事である。

・学習事項と想像力

文学的文章においては、「C　読むこと」の「精査・解釈」第1学年及び第2学年は「エ　場面の様子に着目して、登場人物の行動を具体的に想像すること」

第3学年及び第4学年は「エ　登場人物の気持ちの変化や性格、情景について、場面の移り変わりと結び付けて具体的に想像すること」

第5学年及び第6学年は「エ　人物像や物語などの全体像を具体的に想像したり、表現の効果を考えたりすること」という学習事項がある。下線部のように想像する力は、課題に即して想像することによって伸びる。

想像の手がかりになる言葉を基にして想像できるような課題を設定する。

・学習事項と表現力

「想像したことを話したり書いたりする」「自分の考えを話したり書いたりする」ことによって、話す力、書く力は伸びる。

・課題に即して思考する力

一方、特に1年生などでは、能力の発達に伴い、書かれている事柄をそのまま書き写すような課題から、思考を働かせて課題に答えなくてはならない課題へと発展させていくことも大事である。

1年生の『じどう車くらべ』の中に「クレーン車」について書かれた段落がある。この段落は、「クレーン車のしごと」と「そのしごとにあわせた造り」について叙述されてある。

学習指導要領の「C　読むこと」の「精査・解釈」に「ウ　文章の中の重要な語や文を考えて選び出すこと」の学習事項がある。その能力を身に付けるために次のような学習がある。つまり、課題に答えることによって重要な言葉や文を抜き出すのである。

第2章　思考力・判断力・表現力を伸ばす課題学習　39

> **かだい**　クレーン車は、どんなしごとをしていますか。そのためにどんなつくりになっていますか。

> 【課題に答えるとは】
> 　クレーン車は、おもいものをつり上げるしごとをしています。
> 　そのために、じょうぶなうでが、のびたりうごいたりするつくりになっています。しっかりしたあしがついているつくりになっています。

　一つ目の課題は、「クレーン車はどんなしごとをしていますか」ときかれているので、「クレーン車は、おもいものをつり上げるしごとをしています」と叙述の通り答えればよい。二つ目は、「そのためにどんなつくりになっていますか」ときかれている。叙述は、「そのために、じょうぶなうでが、……あります。車たいがかたむかないように……」（光村図書１年下、p.31）となっている。そのまま書き写したのでは課題に答えていない。

　「課題に答える」とは、「じょうぶなうでがのびたりうごいたりするつくりになっていること」と「しっかりしたあしがついているつくりになっていること」を読み取らなくてはならない。このような読みをして、「クレーン車のしごととつくり」が結び付く。

　視点を変えてみる。クレーン車の段落を直観的に読むと、「クレーン車は、おもいものをつり上げるしごとをしています」と押さえることができる。そうすると、子供たちはなぜクレーン車は重いものを吊り上げることができるのか、どんなつくりになっているから、重いものを吊り上げることができるのかという疑問や問題をもつ。

　そこで、子供がもった疑問や問題を基に、次のような課題にする。

> **かだい**　クレーン車は、なぜおもいものをつりあげることができるのか。

この課題に答えるためには，読み取った内容をどのようにまとめたらいいのか。まとめてみると次のようになる。

クレーン車は，のびたりうごいたりするうでやしっかりしたあしがついているので，おもいものをつりあげることができる。

課題に沿ってまとめることによって，書かれている段落の文章の構造が変わる。つまり，文章の構造を変えることによって深い読み取りができる。

「課題に答えるために読む」「課題の答えが分かるところにサイドラインを引く」「課題に答えるためにまとめる」の方法をとって自己学習をするが，1年生の前半は，文章をそのまま書き写すような課題でもよい。しかし，読み取りの能力が発達してきたら，課題に答えるためには文章の構造を変換する必要がある課題にしていくことが思考力を育てる点では大事なことである。

●課題で学習すると自己学習力を伸ばすことができるもの

一人一人の子供が真剣に自己学習をする。自分で課題を解決すると，自己学習力が伸びる。学習する子供にとって課題が難しくて，学習の抵抗感が大きいものや課題が簡単すぎて，学習の抵抗感が少ないものは課題解決しても満足感が得られない。子供の能力の発達や実態を考慮して設定する。

2　課題とめあての違い

一般には課題と言っていながらめあてを提示している。本時のねらいに，文末を「～～しよう」「～～考えよう」と教師が出すのが多いようだ。

説明的文章の課題例を基に考えてみる。

---

① 「中」のまとまりを2つに分けよう　　　　（5年『生き物は円柱形』）

② 中心文をみつけよう　　　　　　　　（4年『すがたをかえる大豆』）

③ 「はじめ」「なか」「終わり」に分けよう（4年『すがたを変える大豆』）

第2章　思考力・判断力・表現力を伸ばす課題学習　41

①は，「中」のまとまりを２つにわける根拠がはっきりしない。なぜ，２つに分けるのか学習の目的を子供たちは自覚できない。

②は，子供たちはこの文章の中心文は何か考えながら読むだろうか。子供たちは書かれている内容に興味をもつから読むのである。もっと学ぼうとする子供の心理を大事にして課題づくりにつなげたい。

③は，「①」と同様，学びの必然性が分からない。

文学的文章ではどうなのか。

---

①　ごんの気持ちを読み取ろう　　　　　　　　　　（4年『ごんぎつね』）

②　お父さんと別れる時の気持ちを読み取ろう　　　（4年『一つの花』）

③　くじらぐもにとびのろうとするときのこどもたちたちの
　　きもちをかんがえよう　　　　　　　　　　　　（1年『くじらぐも』）

---

①は，ごんの気持ちを読み取るのは分かるが，ごんのどんな時の気持ちを読み取るのかはっきりしない。文学的文章を読む時に大事なことは「想像すること」である。この課題で読むとしても，「何を」「どこまで」「どのように」想像するかが分からない。

②は，「何を」読み取るのかは分かるが「どのように」想像するのかが分からない。また，３・４年生の学習事項は場面の移り変わりと結び付けて，登場人物の気持ちの変化を読み取らなくてはならない。「お父さんと別れる時」と限定しているので，ゆみ子の気持ちの変化を想像することはできない。

③は，「～～かんがえよう」が「想像する」と置き換えて考えてもよいが，１年生にとっては課題が「かんがえよう」という抽象的な表現ではなく具体的であるほうが想像しやすい。

めあては本時の学習活動の方向性を教師が示している。「どんなことを学習するのか」ということは分かる。しかし，子供たちの学習意欲が喚起されるかと問われると疑問が残る。子供にとっては学習の必要性を感じない。課題とは解決しなければならない問題である。課題の提示で課題を解決しよう

という課題意識が高まる。課題を解決して子供たちははじめて,「分かった」「できた」という満足感や充足感を得ることができる。

　適切な課題を設定するには何を学習させるのか学習する能力を明確にすることである。そのためには,教材研究が大事である。

3　課題設定に大事なことは毎時間の目標の設定

　学習課題の設定に大事なことは毎時間の目標を行動目標として設定することである。行動目標として設定すると,その目標に到達できる課題を設定していけばよい。

1　単元の目標と1時間ごとの行動目標

　現在はほとんど単元の目標が能力目標として羅列的に書いてある。能力目標だけでいいのか。新学習指導要領では「学びに向かう力・人間性の涵養」が3本柱の1つになっている。国語教育は人間教育であると改めて考えることが大事である。その単元を学習することによってどんな人間性を育てるための学習なのか能力目標と同時に人間性に培う価値を明らかにする必要がある。単元の目標には,「どんな能力を育成するための学習か」「その能力が働くとどんな内容的価値を習得できるのか」「その結果どんな人間性を培うことができるのか」を書くことによって,どんな子供を育てていくのかがはっきりする。このことが人間性の涵養につながる。1時間ごとの目標は,学習する能力が働いた結果,どんな内容的価値を読み取ることができるのか。その内容的価値を書く。その内容的価値が評価基準にあたる。1時間1時間の行動目標に到達することによって,単元の目標に到達することができる。

説明的文章において

●『想像力のスイッチをいれよう』(5年)の単元の目標
　この教材は,情報教材である。筆者が述べる情報意図は,「思い込みを防

第2章　思考力・判断力・表現力を伸ばす課題学習　43

ぐために，あなたの努力は，『想像力のスイッチ』を入れることだ。……，自分の想像力で……判断できる人間になってほしい」である。

　この単元で学習する能力は情報意図を読み取ること，その能力が働くと内容的価値が身に付く。結果，読み手は想像力のスイッチをいれて，情報を正確に受信したり，発信したりできる子供が育つと考える。

　この単元の目標を整理すると次のようになる。

	学習する能力

『想像力のスイッチをいれよう』を読んで，<u>情報意図</u>（「思い込みを防ぐために想像力のスイッチを入れる努力し，自分の想像力で，大きな景色をながめて判断できる人間になってほしい」）を理解し，情報に関心をもつとともに，<u>情報を批判的に処理できる</u>。

能力が働いた結果，身に付く内容的価値

内容的価値に触れることによって，情報に関心を持ち，情報を鵜呑みにしない態度が育つ

● 情報意図を支える根拠を読み取る行動目標

　情報意図を正確に理解するために，筆者の考えとその考えを支える事例を読み取る学習である。

情報意図を正確に理解するために，段落相互の関係に着目し，<u>第７〜第14段落</u>を事例と筆者の意見・考えを関係付けながら読んで，次の条件を考えて表解し，<u>思考力を伸ばすことができる</u>。
　① 要素：メディアが伝える情報の処理についての３つの考えと想像力のスイッチ
　② 分かりやすい，簡潔である。

学習する能力

表解することにより論理的に考える力が育つ

内容的価値であり評価基準である

44

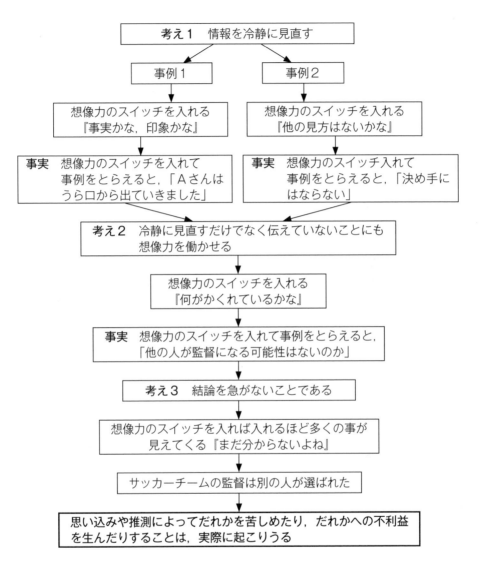

　教師は上記のように自分で表解してみて授業に臨んでほしい。分かりやすい簡潔な表解の方法はいろいろある。
　筆者は情報意図を述べるために，情報を読む上で大切なこと，3つの自分の考えを述べている。さらに，その考えを具体的に説明するために事例を出

し，そこからさらに具体的に読み手がどんな想像力のスイッチを入れたらいいのか具体的な考えを述べている。その想像力を働かして，事例を捉え直してみると，まさに事実が見えてくる。

実際，授業においては，「筆者の考え1」「筆者の考え2」「筆者の考え3」のように展開してもよい。しかし，全体の構成が捉えられるように視覚化できる学習シートがよい。

● **上記の目標に到達できる課題**

直観的に情報意図を読み取っている。

その情報意図を正確に理解するために「事実と感想，意見などとの関係を叙述を基に押さえ，文章全体の構成を捉える」能力が身に付くような課題を設定する。

課題 思い込みを減らすために大切なことは何ですか。そのためにどんな事例からどのような「想像力のスイッチ」を入れることが大切であると筆者は述べていますか。

文学的文章において

● **『ごんぎつね』（4年）の単元の目標**

単元の目標は単なる能力目標だけではなく，能力が働いた結果どのような内容的価値（教材のもつ価値）に触れることができるのか。その内容的価値に触れると子供のどんな人間性を培っていくのかを書く。そうすることによって，新学習指導要領の趣旨の一つである「人間性の涵養」の実現につながる。

能力目標のみの記載になると，その結果どんな人間性を培っていくのかがはっきりしない。国語教育も人間教育であることを改めて考えていくことが大切である。

本単元で学習する能力＋内容的価値＋人間形成に培う価値，として記述す

ると次のようになる。

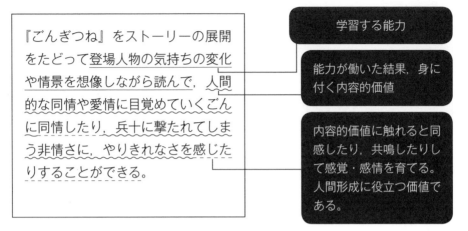

● 『ごんぎつね』の直観読みの行動的目標

　３，４年では全文を直観的に読んで，感動の中心を押さえる。感動したことがいろいろあっても，その中でも一番感動したことがクライマックスにつながっていることが大事である。直観読み，分析読み，体制読みで設定した目標に到達することによって単元の目標に到達する。

　行動的目標として設定する場合，まず学習する能力について書く。その結果，どんなことに感動を受けるのか，つまり内容的価値について書く。さらにそのことがどんな人間形成につながるのかを記述する。

　下記の目標は内容的価値を具体的に書いたが，条件として「①　ごんぎつねのクライマックスを押さえる　②　クライマックスで感動したこと」と書いてもよい。文学的文章を読む場合，感動したり，想像したりすることは子供がもっている知識・経験によっても違ってくる。「このように感動しなさい，このように想像しなさい」と言うことはできないので，目標を「行動的目標」という。

　記述をすると次のようになる。

全文を課題に即して直観的に読んで，粗筋や最高潮を押さえて感動したことを次のように書くことができる。 ── 学習する能力

　　ごんは償いのためと，ひとりぼっちの兵十がかわいそうだと思ってくりやまつたけをもってきたのに兵十と心が通じないままに撃たれてしまった。その場面の ── 内容的価値

ごんの償いをしようとする一生懸命さとそんなごんを撃ってしまった兵十の気持ちに強く心打たれた。 ── 人間形成に役立つ価値

●上記の目標に到達できる課題

　子供たちは，『ごんぎつね』という題名を読むと，「どんなお話か」興味をもつ。興味をもったところで紹介語りを読むと，「いつ，どこで，だれが，どうしたお話か」が分かる。「ごんのいたずらが中心に話が繰り広げられているのではないか，ごんはどんないたずらをするのか」という疑問や問題をもつ。

　子供のもった疑問や問題を基に課題を設定していく。

> 課題　いたずらばかりしているごんがどんなことをしたのだろうか。この中で一番感動したところ（心が打たれたところ）はどこですか。その中で，どんなことに心が打たれましたか。

●分析読み～ごんが兵十と加助の後をついていく場面の行動的目標

　ごんが兵十と加助の後をついていく場面は２つの場面によって構成されている。１つはごんが兵十と加助の後をついていく場面，２つ目はおしろの前で二人の話を聞く場面である。言い換えれば表象単位という。この場面でどんな言葉を手がかりにして想像すれば場面の情景や心情を描くことができるかそのキーワードを書く。このキーワードが評価基準にあたる。

記述の方法として，どんな場面を学習するのか，その場面でどんな学習能力を育てるのか，その能力が働くとどんな言葉を手がかりに想像できればよいかを記述する。

　文学的文章ではこのように想像しなさいということはできない。それぞれの個性や子供のもっている知識・経験で想像した中身は違ってくる。

　記述してみると次のようになる。

　ごんが兵十と加助の後をついていく場面でごんの気持ちを想像しながら読んで，ごんの気持ちの変化を次の条件を含めて書いたり話したりすることができる。 ← 学習する能力

①　ごんが兵十と加助の後をついていく場面
　・かげをふみふみ
②　おしろの前で二人の話を聞く場面
　・「へえ，こいつはつまらないな。」
　・（神様のしわざだぞ）
　　「おれは引き合わないなあ。」

← 内容的価値であり，評価基準にあたる。

●上記の目標に到達できる課題

　課題　兵十と加助の後をついていったごんがおしろの前で二人の話を聞くまでの気持ちはどのように変わったでしょうか。

　課題を分析して，ごんが兵十と加助の後をついていく場面でのごんの気持ちとおしろの前で二人の話を聞く場面でのごんの気持ちを想像することを押さえる。2つの場面で想像したことがうまくつながるようにするとよい。

第2章　思考力・判断力・表現力を伸ばす課題学習　49

4　説明的文章における課題設定の手順

1　文章が刺激になり，課題状況をつかむ

中沢政雄先生は，『国語科　課題学習の実践』（1986年，国語教育科学研究所）の中で課題状況について次のように述べている。

「課題を設定し，それを，解決するのに必要な諸条件を備えている文章・状況」が「課題状況」である。この課題状況を知るということは，文章・作品を読んで，その意味・刺激の構造・布置―文章・作品の構造化の過程のあらまし，文章ならば，その意味の構造，作品ならば，ストーリーの展開―の大体を理解することである。それがわかったときに，どこにどのように課題があるか，どこに疑問・問題があるか，なぜこんな結論が出るのか，この考えは，どんなことを根拠にしてそう言えるのかというような学習課題が発見され，設定される。

教材に即して具体的に考えてみる。『すがたをかえる大豆』（光村図書3年下）の筆者の論理の展開は次のようになっている。

1　話題提示の段落（大豆はいろいろな食品にすがたをかえている）→
2　大豆の説明・解説（おいしく食べる工夫）

3～7　大豆をおいしく食べる工夫と例（並列に書いてある）
3　いちばんわかりやすいのは　→　4　次に　→
5　また　→　6　さらに　→　7　これらのほかに

8　まとめ：まとめと筆者の考え　大豆のよいところに気づき，食事に取り入れてきた昔の人々のちえにおどろかされる。

第1段落で話題を提示し，第2段落では大豆についての説明・解説をしている。次の段落につなげるために，「そのため，昔からいろいろ手をくわえて，おいしくたべるくふうを……」（光村図書3年下，p.31）と書いてある。その段落を受けて第3〜7段落までおいしく食べる工夫と食品（例）が書かれている。

第8段落はまとめと筆者の考えが書かれてある。

このような文章全体の構造を課題状況という。

2　説明的文章の構造・機能を生かし，疑問や問題をもたせる

題名『すがたをかえる大豆』や第1段落の話題提示文を読むと子供たちは大豆に興味や関心をもつ。筆者は読み手に大豆に興味・関心をもたせ，読みに向かう構えをつくっている。

その上で，「多くの人がほとんど毎日口にしているものがあります。……大豆は，気づかれないのです」（光村図書3年下，p.30—31）を子供たちは読む。そうすると，子供たちは，「わたしたちが大豆を毎日食べているとは知らなかった」「大豆がいろいろな食品にすがたをかえているなんて知らなかった」と初めて知ったことに喜びをもつ。さらに，それらを基に，「大豆はどんな食品にすがたをかえているのだろうか」と疑問をもつ。第2段落では大豆の説明をしながら，「かたい大豆は，そのままでは食べにくく，……。そのため，……，おいしく食べるくふうをしてきました」（光村図書3年下，p.31）と書いてある。第1段落の「すがたをかえる」と「おいしく食べるくふう」と結び付けて，「おいしく食べるためにどんな工夫しているのか」と課題をもつ。

話題提示や課題提示の段落を読み，課題状況をつかむ。そこから，「なぜ」「どうして」と疑問や問題をもつ。文章を読みながら，「なぜ」「どうして」と問いをもつ子供を育てたい。

3 『すがたをかえる大豆』における直観読みの課題を設定する

● 話題提示と課題提示の段落の機能を生かして，課題状況をつかみ課題設定
   につなげる

　すでに述べたように，話題提示と課題提示の段落から，言語刺激を受ける。
課題状況をつかむと子供は疑問や問題をもつ。「どんなふうにすがたをかえ
るのか」「おいしく食べるためにどんな工夫をしているのか」などである。
それらを基に課題を設定する。課題設定において，頭に入れておくことはこ
の課題で読めば，「中心となる文」に反応できるようにすることだ。

● 「中心となる文」を読み取る直観読みの課題を設定する

　課題　大豆をおいしく食べるためにどんな工夫がありますか。

・課題解決の方法を工夫する

　課題をどんな方法で解決するのか子供に考えさせ，引き出すようにする。

1　課題に答えるために全文を黙読する。
2　課題の答え（おいしく食べるための工夫）にサイドラインを引く。
3　課題に合うように学習シートに書く。

・一人一人が自己学習をする

　グループ学習や一斉の協働学習で学習した結果を次のようにカードに書き，
教室内に掲示する。

　協働学習では，段落の中で一番大事な文章は要点であることを押さえる。
つまり，設定した課題で読むと要点に反応できる。この要点を分析読みの課
題設定に使う。

　第3段落　大豆をその形のままいったり，にたりするくふう

52

第4段落　こなにひくくふう

第5段落　大豆にふくまれる大切なえいようだけを取り出して，ちがう食品にするくふう

第6段落　目に見えない小さな生物の力をかりて，ちがう食品にするくふう

第7段落　とり入れる時期や育て方のくふう

4　読み取った内容をさらに詳しく読む分析読みの課題を設定する
●第3段落から第7段落の構成

　要点と細部の関係はどうなっているのか。それぞれの段落の冒頭に要点がある。次に「くふう」を受けて，具体的に食品名が書かれてある。
　第3段落を見てみると，次のような構成になっている。

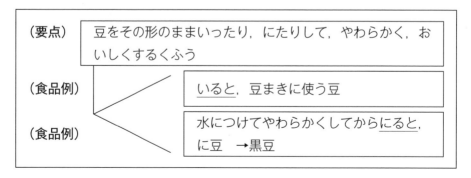

第3段落から第7段落は同じように書かれている。
●要点とその要点の説明（細部）を読み取る課題を設定する
　各段落の要点を読み取っている。読み取った要点をさらに細かい点を詳しく読もうという意欲を喚起するような助言をする。
　「今日は，それぞれの工夫について（掲示してあるカードを指しながら）詳しく読んでいきます」と本時のねらいを確認する。次に，本時の学習範囲に「どんなことが書かれてあるか」を直観的に読ませる。子供たちは，第3段落から第7段落を読む。すると，書かれてある内容の大体を捉える。「工夫によっていろいろな食品にすがたがかわる」ことが分かる。
　では，「どんな食品にすがたをかえるのか詳しく読む課題をつくってみよう」と本時のねらいを確認しながら，助言する。
　読むと何かが分かる。さらにもっと詳しく知りたいという子供たちの好奇心を刺激する。「知りたい」「調べたい」「読みたい」という必要感をかきたてる。子供の学びたいという意欲を大事にする。
　分析読みの課題設定の手順を整理すると次のようになる。

> T　今日は直観的に読み取った要点を詳しく読んでいく学習をすること，つまり本時のねらいを確認する。

> T　本時の学習範囲第2～第7段落を読んで，「どんなことが書かれているか」と発問する。

C　直観的に読んで書かれている大体を捉える。
（「くふうによって，いろいろな食品にすがたをかえる」と捉える）

T　「どんな食品にかわるかな」と教師は言いながら，子供に疑問・問題をもたせるようにする。

C　「くふうによって，いろいろな食品にすがたをかえる」と捉えた子供たちは教師の助言により，「どんな工夫によって，どんな食品にすがたがかわるのか」と疑問をもち，詳しく読んでみたいと思う。

T　このこと（直観的に捉えた内容の大体）を詳しく読むための課題をつくりましょうと投げかける。

【第3段落から第7段落の要点と細部を読み取る課題】

課題　どんなくふうによって，どんな食品にすがたをかえますか。

・課題解決の方法を工夫する

> 1 課題に答えるために全文を黙読する。
> 2 課題の答え（どんなくふう，どんな食品）にサイドラインを引く。
> 3 課題に合うように学習シートに書く。

　課題は何を聞いているかその聞いている内容を課題に沿ってまとめられるようにする。そのまま叙述を書き写すのではなく，課題に沿ってまとめることによって思考力が育つ。

> ・一人一人が課題解決のための自己学習をする
> ・一斉による協働的学習をする

　第3段落から第7段落まで課題に沿って読み取ったら，一斉学習では段落相互の関係を押さえる。第3段落から第7段落までが接続語を押さえることによって，『すがたをかえる大豆』は筋道が通った文章であることを理解させる。

・ばらばらに読み取った内容をまとめるための体制読みの課題を設定する

　ばらばらに読み取った内容をまとめるための学習である。一目で文章の構造が分かるように表解するとよい。子供たちは前時で「中心」は筋道が通っていることが分かっているので，「全体の文章の仕組みはどうなっているか」という疑問や問題をもつ。それらを基に課題を設定していく。

●課題を設定する

> 課題　『大豆がどのようなくふうをしてどのようにすがたをかえているか』を文章全体が一目で分かるように組み立てるにはどのようにまとめるか。

・課題を解決する方法を工夫する

1　全文を話題，要点（くふう）と細部（食品名）の関係，まとめを考えて読む。
2　読み取ったことを自分で分かりやすいように表にまとめる。

　筆者の発想とは違う自分の発想で表解できる子供は自分の発想で表解させてもよい（能力差に応じた学習シートは pp.120〜121を参照）。

・一人一人が表解する
・一斉による協働学習をする

　表解すると筆者が自分の考えを述べるための道筋がよく分かるので，説明の工夫について話し合う。また，『すがたをかえる大豆』について筆者の考えに対して自分の考えを述べ合う。

　直観読みの課題は話題提示や課題提示の機能を生かしてつくる。分析読みの課題は直観読みで読み取ったことを基につくる。体制読みの課題はばらばらに読み取った内容を関連付けるものにする。

　子供がもった疑問や問題から課題づくりを進める。その問題・疑問に答えるために課題を設定する。そうすると子供が読む必然性をもつことができるので，主体的に学習に取り組むことができる。

5　文学的文章における課題設定の手順

■ 作品のプロットを押さえる

童話・物語のプロットとして語り型がある。

「いつ，どこで，誰が，どうした」という中心人物を紹介している「紹介」。

第2章　思考力・判断力・表現力を伸ばす課題学習　57

これを受けて「ある日」「ある秋のことでした」「ある月のきれいな晩のこと」などといつ，どんなことが起きたのか物語の契機となることが語られる「発端」。発端を受けて物語は次々と展開される「展開」。物語が展開してクライマックス（最高潮）に達する「クライマックス」。クライマックスを受けて話をまとめる「結末」。このようなストーリーの展開の型を語り型と中沢政雄先生は述べている。

　『スイミー』では，紹介語り（スイミーの紹介）→発端語り（ある日のことでした。小さなさかなはまぐろにのみこまれ，スイミーだけにげた）→展開語り１（さびしかったスイミーは海の中のおもしろいものを見るたびに，元気になってきた）→展開語り２（岩かげにかくれている自分の仲間を見つけたスイミーは，大きな魚を追い出すことを考えた）→クライマックス・結末（スイミーは小さな魚が集まって大きな魚のふりをすることを考えた。スイミーは目になった。大きな魚を追い出した）

　『一つの花』では，紹介語り（戦争の激しかったころ，ゆみ子が最初に覚えた言葉は『一つだけちょうだい』。いつもひもじい思いをしているゆみ子の紹介）→発端語り（『ひとつだけ』と言っているゆみ子の将来を思い高い高いする父の思いがえがかれた発端）→展開語り１（お父さんが戦争に行く日，駅まで行く途中，『一つだけちょうだい』が始まり，おにぎりを全部食べてしまう）→展開語り２（「お父さんとの最後の別れに『一つだけちょうだい』が始まる）→クライマックス（『一つだけのお花』一輪のコスモスをわたし，汽車に乗っていく）→後日談（10年の歳月が流れ，コスモスの花に包まれたゆみ子の様子をえがいている）とストーリーは展開している。

　このように作品のプロットを押さえる。

２　作品のプロットは課題状況である

　プロットを押さえることによって，ストーリーの展開が分かることはもちろんであるが，読み手の心理にうまく訴え，物語の世界に引き込むような書き方がされている。『スイミー』を基に考える。

3 『スイミー』のプロットから子供は疑問や問題をもつ

作品を読むと子供たちは次のような疑問や問題をもつ。

紹介語り　スイミーの紹介が書かれている。ここを読むと「スイミーがどんなことをするお話かな」と問題をもつ。

発端語り　「ある日，おそろしいまぐろが……」を読むと読み手はどうなるのかなと緊張する。そして，思いがけない事件が起きる。「一匹だけ残ったスイミーはどうするのかな」と興味をもつ。

展開語り１・２
　　発端の事件を受けて，それがきっかけになって次々と展開する。「一匹になったスイミーは海の中で，どんなものを見たのかな」「スイミーはかくれている小さな魚を見た時どんなことを考えたかな」と興味や期待をもつ。

クライマックス・結末
　　感動の中心になり，物語の主題につながる。みんなで力を合わせて大きな魚を追い出すことができて，読み手は安心する。

このような言葉の刺激を受け，課題状況をつかむ。そうすると子供たちは様々な疑問や問題をもつ。

4 『一つの花』における直観読みの課題設定の手順

●紹介語りを読み，課題状況をつかむ

「紹介語り」には，中心人物ゆみ子の紹介，ゆみ子の生きた時代，背景が書かれている。さらに題名は『一つの花』である。

紹介語りを読むと，子供は，戦争がはげしかった時代のこと，主人公はゆ

第2章　思考力・判断力・表現力を伸ばす課題学習　59

み子である，ゆみ子はいつもお腹を空かしていたことを読み取る。

・課題状況をつかむと疑問や問題をもつ

　子供たちは，「『一つの花』とは何か」「一つだけ，一つだけといつもおなかをすかしているゆみ子はどうなるのかな」「一つだけと一つの花とは関係があるかな」というような問題や疑問をもつ。これらの疑問・問題に答えるために，全文を読む課題を設定する必然性が生まれる。

●感動の中心を読み取る課題を設定する

　『一つの花』を読むと様々な感動を受ける。その中の感動の中心を読み取ることが４年生にとっては大事な学習事項である。

> 課題　『一つの花』はどんなお話ですか。このお話を読んで一番感動した場面はどこですか。その場面でどんなことに感動しましたか。

・課題解決の方法

　課題解決の方法は子供がもっている方法を引き出す。

> 1　『一つの花』の全文を読む。
> 2　一番感動した場面を□（四角）で囲む。
> 3　その場面でどんなことに感動したのか書く。

・一人一人が自己学習し，課題を解決する
・協働的学び合いで話し合った感動したことを教室内に掲示しておく

5　分析的に読む学習課題を設定する手順

　「なぜこんなに感動したのか」と子供たちは疑問や問題をもつ。その感動の拠り所を明らかにするために場面を詳しく読んでみようという思いになる。学習の必要感をもたせながら分析読みに入る。

・前時の場面を想起し，ストーリーを続ける

・本時の学習場面（一輪のコスモスの花を渡し，汽車に乗っていく場面）を直観的に読んで気分情調を読み取る

気分・情調とは場面全体が醸し出す雰囲気である。鑑賞の読みである。

本時の学習範囲を黙読し，場面全体からどんな感じを受けるか読み取る。

1，2年は直観的に粗筋を読み取り，それらを基に課題を設定する。3年生以上になると場面全体を描くことができるので，場面が醸し出す雰囲気を捉えることができる。

この場面は「汽車が入ってくるという時に，また，『一つだけちょうだい』がはじまった場面」と「一輪のコスモスの花を渡し，汽車に乗っていく場面」によって構成されている。そのため，前半の場面から受ける情調と後半から受ける情調が違ってくる。そうすると，子供たちは，前半の場面を読むと「せつない感じ」「悲しい感じ」，後半は「うれしい感じ」「さみしい感じ」を受ける。

●「なぜこんな感じを受けたのか」疑問をもつ

「どうして，こんな感じを受けたのか」と助言すると子供たちは，情調を受けた叙述に目を向ける。叙述に目を向けると，「その叙述を詳しく読んでみよう」という思いになる。

「詳しく読もう」という必要感をもたせながら，課題設定につながる。

・叙述に目を向けたところで，「そこを詳しく読む課題をつくってみましょう」と助言する

3，4年の学習事項は，「エ　登場人物の気持ちの変化や性格，情景について，場面の移り変わりと結び付けて具体的に想像すること」である。

設定した課題で読むと，「場面の移り変わりと結び付けて，登場人物の気持ちの変化」が具体的に想像できる課題を設定する。

第2章　思考力・判断力・表現力を伸ばす課題学習　61

●課題を設定する

　子供から出た課題を教師はまとめていくとよい。

> **課題** 「一つだけちょうだい」がはじまったゆみ子に一輪のコスモスの
> 花をわたし，汽車に乗っていくお父さんの気持ちはどのように変わっ
> ていったでしょうか。

・課題を分析する

　課題を見ると，解決しなくてはならない内容が２つある。一つ目はゆみ子
の「一つだけちょうだい」が始まり，泣き出したゆみ子を見ているお父さん
の気持ち，二つ目は一輪のコスモスをわたし，汽車に乗っていく時のお父さ
んの気持ちを想像することを押さえる。

・課題解決の方法を工夫する

　ここでは２つの場面でのゆみ子の様子を押さえて，お父さんの気持ちを想
像することが大事である。ゆみ子の様子が刺激となって，お父さんがいなく
なる。お父さんがコスモスの花を見つけその花を差し出すと，「足をばたつ
かせて喜ぶ」。その様子が刺激になり，「それを見て，にっこりわらうと何も
言わずに汽車に乗って行く」のである。だから，お父さんの気持ちを想像さ
せるためにはゆみ子の様子をしっかりと押さえることが大事である。

　課題解決の方法は子供たちが様子や気持ちを想像する時に今までにプール
した方法を引き出すようにしてあげる。

> 1　「ゆみ子の一つだけちょうだい」がはじまった時のゆみ子の様子や
> 　お父さんの気持ちが分かる言葉・文にサイドラインを引く。
> 2　一輪のコスモスを渡し，汽車に乗っていく時のゆみ子の様子やお父
> 　さんの気持ちが分かる言葉・文にサイドラインを引く。
> 3　それらの言葉を手がかりに想像し，ゆみ子の様子を押さえて自分が
> 　お父さんになって書く。

・一人一人が課題解決のための自己学習をする

・グループ学習では2つの内容について話し合う

・一斉による協働的な学び合いで父親の気持ちの変化について話し合う

6 ばらばらに読み取った内容をまとめるための体制読みの課題設定の手順

　ばらばらに読み取った内容をまとめるための学習である。直観的に読んで感動したことを押さえている。分析読みでは，なぜ，感動したか叙述に即して想像しながら読んだので，感動の拠りどころが明らかになった。そこで，体制読みでは感動がより一層深まる課題を設定する。3，4年の学習事項は「文章を読んで理解したことに基づいて，感想や考えをもつこと」である。

●「自分がゆみ子と同じ時代に生きていたらどうだったかな」という思いをもつ

　10年の年月とともに「コスモスの花でいっぱいに包まれている」ゆみ子の生活を見て，子供たちは安どする。一方では自分がその時代に生きていたらどうだっただろうかと自分に置き換えて考えようとする。

●課題を設定する

　課題　一番感動したことに対して，どんな感想をもちましたか。

・課題解決の方法を工夫する

　1　全文を黙読する。

　2　感動した場面を押さえ，感動したことを書く。

　3　感動したことに対して感想を書く。

　　○思ったことと，どこからそう思ったのか書く。

　　○自分だったらどうするか。

　　○相手の気持ちになって書く。

---

7 子供の能力の発達に応じて設定の工夫をする

　主体的に学習するためには疑問や問題を基にして，自ら課題を設定し解決できることが理想である。しかし，能力の発達があるので能力の発達に応じて設定の方法を工夫し，高学年になったら自分で設定できるようにしたい。

　1，2年ではプロットを生かして直観読みの課題，分析読みでは直観的に読んだ粗筋をもっと詳しく読もうという意欲を喚起させながら，教師が課題を与えていく。

　3，4年になったらクライマックスや感動したことを読み取る直観読みの課題，分析読みの課題は直観的に読み取った気分・情調を基に，なぜこんな感じを受けるのか詳しく読む課題を子供たちがつくり，教師がまとめていく。

　5，6年では今までの積み重ねの中で，「情景描写は登場人物のどんな心情を表しているのか」「描写を通して作者はどんなメッセージを伝えているのか」など「本時の学習範囲でどんなことを学習するのか」見通しが立つようになると，自分で課題を設定できるようになる。

4
主体的な学びと自己学習

1　一人一人の自己学習ができるように能力差を考慮する

　クラスの中に30人いれば，能力差がある。自己学習において課題解決をしないことには，対話的な学習にも一斉の協働的な学び合いにも積極的に関わることができない。もし，自力解決ができないとしたらグループ学習のなかでもただ一方的に話合いを聞くことになる。とにかく自分で解決した内容をもつことが大事である。

　そこで，目標は同じであるが到達過程を能力差に応じることによって，学習する能力を身に付けることができる。

　そのためには，子供たちの能力差を把握し，それに対応することでどの子

供にも課題を解決させようとする。

能力差を把握するために診断的評価を行い，能力差を知る

本単元で学習する能力は何か明らかにして，次のような手順で診断テストを行う。

■ 学習する能力について診断的評価を行う

能力差はどれ位あるのか。その単元で学習する能力について診断的評価を行う。次のような手順で能力差を知る。

1　学習する能力は何か明らかにする。ここでは，「要旨を読み取る能力」とする。
2　学習する教材と同程度の内容の教材を選ぶ。
3　その教材を使って，診断テストの問題をつくる。
4　診断テストを行う。

② 子供たちの書いた答えを技能の働かせ方（答えの状況）によって分類する（パターン化する）

子供たちが書いた答えをみると仲間分けができる。それらをパターン化すると，次のようになる。

Ａパターン……要旨を適切に読み取っている。
Ｂパターン……要旨の中に事例が入っている。
Ｃパターン……要旨の一部を読み取っている。
Ｄパターン……要旨の段落を読み取ることができず，本文中の一部を書いている。

第2章　思考力・判断力・表現力を伸ばす課題学習　65

3 パターンを完全なものから，不完全なもの（プレパターン）へとランク付けをする

Aパターン……要旨を適切に読み取っている……Aランク
Bパターン……要旨の中に事例が入っている……Bランク
Cパターン……要旨の一部を読み取っている……Cランク
Dパターン……要旨の段落を読み取ることができず，本文中の一部を書いている……Dランク

・一人の教師が指導できるように，３つのグループに分ける

　Bランク，Cランクは要旨の一部に反応しているので同じグループにする。

Aパターン……要旨を適切に　　……Aランク—Aランク
Bパターン……要旨の中に事例……Bランク┐
Cパターン……要旨の一部を　　……Cランク┘Bランク
Dパターン……本文中の一部　　……Dランク—Cランク

・人数や％を入れ，下記のようにまとめる

（6年　4月実施）

答えのパターン		ランク	人数	％	ランク付け
要旨を読み取れている	要旨の段落を押さえ，要旨を読み取れている	A	17	49	A
	事例を押さえ，要旨を読み取れている	B	11	31	B
	要旨の段落の一部だけを読み取れている	C	4	11	
要旨の段落が押さえられない	本文中の一部を読み取れている	D	3	9	C

どの学級でもパターンごとの反応数（人数）は変わっても，反応パターンは同じ段階を示す。

2 能力差に応じた学習方法・学習シートを工夫する

「直観的に要旨を読み取る」学習を進めるためには，まず学習課題を設定する。6年『自然に学ぶくらし』の全文を読み，「直観的に要旨を読み取る」課題「『自然に学ぶくらし』で筆者が一番伝えたかったことは，どんなことだろうか」と学習課題が設定する。そうすると，学習課題を解決するための能力差に応じた学習方法を考える。

1 Aランク
●Aランクの子供のパターン

> 要旨を適切にまとめて書いている子供と要旨に必要でない部分を書いている児童とが一緒になっている。

→要旨に必要でない事例を付け加えたりしないような方法を考える。
・学習方法

> 1　全文を読む。
> 2　要旨の書いてある段落を見つける。
> 3　筆者の一番伝えたいことを「どんなことから〜〜どうだ」とまとめる。

第2章　思考力・判断力・表現力を伸ばす課題学習　67

〔学習シート〕

名前

課題

・「どんなことから〜〜どうだ」とまとめましょう。

評価

2 Bランク

●Bランクの子供のパターン

　　Bランクの児童は要旨の書かれている段落は押さえられるが，要旨の一部を読み落としてしまう傾向がある。

→要旨の一部を読み落とさない方法を考える。

・**学習方法**

1　全文を読む。
2　要旨の書いてある段落を囲む。
3　その中で「どんなことから」が分かる叙述にサイドラインを引く。
　　だから，「どうだ」と筆者の考えが分かる叙述にサイドラインを引く。
4　サイドラインを基にまとめる。

〔学習シート〕

「どんなことから」を読み取ることができるようなリード文を付ける。次に,「どうだ」を読み取ることができるようなリード文を付ける。その上で,読み取った2つをまとめるような学習シートを作成する。

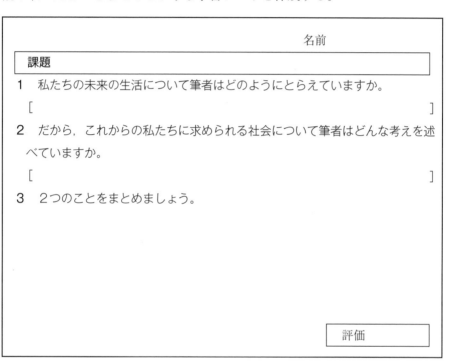

3 Cランク

●Cランクの子供のパターン

要旨の書かれている段落が押さえられない。

→要旨の段落を押さえて,課題に応じて要旨をまとめることができるような方法を考える。

第2章 思考力・判断力・表現力を伸ばす課題学習 69

・学習方法

1　『自然に学ぶ暮らし』のまとめが書いてある段落はどこか考えながら全文を読む。
2　「このように」に気を付けて，課題の答えが書いてある段落を囲む。
3　囲んだ段落をよく読み，「どんなことから」が分かる叙述にサイドライン，「どうだ」が分かるところにサイドラインを引く。
4　サイドラインを基に筆者が一番伝えたいことをまとめる。

〔学習シート〕

　課題を分析して課題解決の過程を細かくする。学習シートのリード文に導かれて学習することにより，学習が成功できるようにする。

　　　　　　　　　　　　　　　　　　　　　名前

課題

1　筆者の考え（課題の答え）がまとめてある段落はどこですか。

　（　　　　）段落

2　その段落をよく読んで，これからの私たちに求められる社会に対する筆者の考えをまとめましょう。

(1)　私たちの未来の生活について筆者はどのようにとらえていますか。

[　　　　　　　　　　　　　　　　　　　　　　　　　　　　　　　　]

(2)　だから，これからの私たちに求められる社会について筆者はどんな考えを述べていますか。

[　　　　　　　　　　　　　　　　　　　　　　　　　　　　　　　　]

(3)　「(1)と(2)」がうまく続くようにまとめましょう。

　　　　　　　　　　　　　　　　　　　　　| 評価 |

第3章

対話的な学びと協働学習

1
グループによる協働学習

1 目的や視点を明らかにする

1 グループ学習の目的

　グループ学習の目的は３点あると考える。一つはお互いの思いや考えを伝え合い，互いの人間関係を深める情意的な面である。互いの思いや考えに共感し合い，何でも自由に物おじしないで話し合える学級風土づくりに役立つ。

　二つ目は互いの思いや考えを伝え合い，課題に即してまとめていくような話合い。つまり，課題に即した話合いによって思考力を育てる思考的な面である。

　三つ目は話合いの学習法を学ぶ技能的な面がある。自分の考えの述べ方や友達の考えを受けてつないで話合いを進める方法，根拠を明らかにして話し合う方法。話の聞き方など話合いの技能的な面の伸長を目的とする。

　３つの目的があるとしてもこれらは相互に関連している。

2 グループ学習の視点を明確にする

　ただ何となく自己学習の結果を発表するのではなく，どんな視点で話し合うのか明確にする必要がある。そうすることによって，効果的な協働学習が行われる。

●自己の思いや考え（自己学習の結果）が適切かどうかの話合い

　課題に即して自力解決した結果をグループのメンバーが互いに出し合い，話し合う。そうすると課題に対してどのように読み取っていればいいか明らかになっていく。

●思いや考えを広げたりするための話合い

　その子供がもっている様々な知識や経験を基に自分の思いや考えをもち，

互いのメンバー同士が交流する。それぞれの子供がもっている知識や経験の豊かさによって自分の思いや考えが広がる。考えをもつ視点を共有化することで，思いや考えに広がりが生まれる。

●課題に即してグループでの考えをまとめるための話合い

　説明的文章の読み取りでは，課題に即してどのように読み取ればいいのかまとめるために話し合う。

●多様な考え方・感じ方に気付くための話合い

　文学的文章では描写の中にある作者の思いや情報意図に対する自分の思いや考えを話し合う中で多様な考え方・感じ方に気付く。

●課題解決のための見通しをもつための話合い

　設定された課題をどのように解決するか自分がもっている学習法を出し合い，見通しをもつために話し合う。

2　話合いを活発にする指導

1　学習結果の話し方

一人一人の子供が課題解決した結果を適切に話す能力を育てる。

【説明的文章の場合】

第〇段落で大事なことは～～～。

第〇段落で大事なことは～～～。

だから，私はこのように要約しました。

（課題に沿って要約した内容を言う）

　上記は３〜４年の学習事項である「中心となる語や文を見付けて要約すること」の場合である。課題に沿って，学習結果の内容は異なってくる。例えば，事実と筆者の意見・考えを判別して読む場合は，「～～～という事実から，筆者は～～の考えを述べています」というようになる。

第3章　対話的な学びと協働学習　73

課題に沿って，学習方法と照らし合わせながら考えていくとよい。

【文学的文章の場合】

〜〜〜と想像しました。（想像した内容を言う）

それは，〜〜という言葉・文からです。

　想像する場合は叙述から自分の知識・経験を基に想像していく。低学年の場合は，「気持ちや行動を表わしている言葉を押さえる」，中学年になったら，「表象単位を押さえながら気持ちの変化や様子を表す言葉を押さえる」，高学年の場合は，「描写を基に心情を表す言葉を押さえる」など学習事項と照らし合わせながら考える。

　学習結果の話し方に沿って繰り返し話すうちに定着していく。

② 話合いの仕方—受けて話す・異同を話す

　話合いを活発にするためには，一人一人の子供が話した内容を正しく聞いて理解した上で，自分の考えと比較させることが大事である。そして，「同じである。どこが同じなのか」「違っている。どこがどう違うのか」「その上にこう付け加えるとか，それはない方がいい」というように各自の判断の結果を述べ合う。

　低学年では，自分の学習結果と比べて，「同じ，違う」，中・高学年では，違うならば，その根拠になる叙述を述べられるようにする。

　友達の話を受けて発表する仕方（パターン）を考える。

【説明的文章の場合】

・これは具体的に説明している文なので，いらないと思います。

・これは具体的な例なので事実です。文末が「〜〜なのです」「考えられます」とかいてあるのは筆者の考えです。

・「つまり」「このように」という言葉でまとめているので，これは大事

であると思います。

・○○さんのは，それぞれの段落で大事なことがうまく続いていません。

・方法の中に，段落ごとに大事なことをまとめて，と書いてありますが，○段落の大事なことが書いてありません。

　それぞれの学年の学習事項を考慮し，課題に応じて受けて，つないで話す方法をシミュレーションで学習してもよい。

【文学的文章の場合】

・○○さんは，～～という言葉から想像していますが，私は～～という言葉からも想像しました。

・○○さんと想像の手がかりになる言葉は同じですが，想像の中身が違います。（想像したことを言う。）

・○○さんと違って，想像の手がかりになる言葉が～～。だから，こんな気持ちも想像できると思います。

・～～はへんです。～～の言葉からはこんなことは想像できません。

・方法の中に，様子を押さえて，とありますが，○○さんのは，様子を押さえて想像していません。

　話合いの仕方を学習しないと一方的な発表になってしまう。ある子供の自己学習の結果を電子黒板に投影する。その内容と自分の自己学習の結果を比較してどこがどう同じか，どこがどう違うのか明らかにして一人一人が発表できるようにする。

３　話の聞き方

　話合いに積極的に参加できるようにするためには，話の聞き方を十分指導する。つまり，「学習課題が～～だから，大事なことがぬけているなあ」「学習課題が～～なのに，余分なことが書いてあるなあ」など，課題に照らして

第3章　対話的な学びと協働学習　75

判断しながら聞く習慣を付ける。と同時に，友達の学習結果と自分の学習結果を比べながら聞くこと，「友達の発表と比べて同じか，違うか」「どこがどう同じか」「どこがどう違うか」「なぜ違うのか」と考えながら聞く習慣を付ける。よき聞き手はよき話し手を育てる。

- ・課題に照らして聞く態度を身に付ける。
- ・友達の学習結果と自分の学習結果を比較したり，関連付けたりしながら聞く。
- ・分からないことは質問する。

3　グループ学習法の指導

◱　グループ学習を進める過程を学ぶ

どんな過程を踏みながら，グループ学習を進めていくのか。それは何のためにグループ学習をやるのか目的によっても異なってくるが，一般には「課題に対してどのように読み取っているか」「課題に対してどのように考えているのか」を互いに発表し合う。互いに比べたり関連付けたり聞いているうちに課題に対する評価基準が分かってくる。

◪　学習課題を確認する

グループ学習では課題に対してどのように自己学習をしたのか発表したり，話し合ったりする。従って学習課題を確認することが大事である。子供たちはすべて，課題に応じて話を聞いたり，考えたり，判断したりする。

◳　学習方法を確認する

学習方法は自己学習の結果が適切であるかどうか判断する基準にもなる。例えば，「段落ごとの要点を押さえる」という学習方法があったならば，子

供たちは各段落の要点を読み取っているかどうかという観点で友達の自己学習の結果を見る。また，「場面の様子を押さえて気持ちを想像する」という学習方法であったならば，その観点で友達の自己学習の結果を見る。

子供たちは学習方法を基に判断して，読み落としに気付く。

だから，学習方法の確認も大事である。

4 自己学習の結果について話し合う

説明的文章の場合は課題に応じた話合いを始める。課題に対してどのように読み取っていればいいか話し合う。

文学的文章の場合は，想像の手がかりになる言葉・文は同じであっても経験・知識・感覚・感情の違いから，いろいろな想像ができる。想像の中身を規定することができないので想像したことを発表し合う。

5 学習のまとめをする

あらかじめ，話合いにとる時間を教師は伝える。時間を見計らい，まとめていく。説明的文章の場合は課題に応じてどのように読み取っていればよいかまとめる。

文学的文章では想像の手がかりになる言葉をあげてまとめとする。

4 グループ学習の話合いの過程

1〜2年では対話を中心に，3〜4年では3・4人，5〜6年は4・5人の人数で進めていったほうが自由に臆することなく話合いができるようである。自分の思いや考えの述べ方や話の聞き方，受けてつないでいく話合いの仕方は一朝一夕には身に付かない。各教科をはじめ全教育活動の中で実践していく必要がある。自分の思いや考えを述べることは子供の自信や喜びにつながる。

発達に応じてどんな過程で話合いを進めていったらいいかまとめてみる。

	1～2年	3～4年	5～6年
目的	・どの子供にも臆することなく，伝え合う気持ちを育てる	・どの子供にも伝え合う喜びをもたせ，自分の考えに自信をもたせる	・考えたことを発表し合い，自分の考えを広げる
視点	・課題に沿って伝え合う ・自分の読み取った内容が適切かどうか聞き手に聞く	・課題に沿って話し合う ・自分の読み取った内容が適切かどうか話し合う	・課題に沿って話し合う ・自分の読み取った内容が適切かどうか話し合う
方法	C1：質問する（課題） C2：答える（課題の答え） C1：それはどうしてですか。 C2：どうしてかというと「～～～と書いてある」からです。 （叙述にもどす） C1：同感，共感，相槌 （C1，C2交代）	C1：課題の確認 C2：第〇段落で大事なことは～～。第〇段落で大事なことは～～。だから，私はこのように要約しました。 （要約したことを言う） （聞き手） ・過不足があったら，根拠を明らかにして言う	C1：課題の確認 C2：読み取ったことに対して根拠を明らかにして自分の考えを述べる。 ＜筆者の意図に対して自分の考え＞ ①自分の立場を明らかにする ②筆者の考えと自分が持っている経験や知識と関連付ける ③自分の考え（聞き手） ・根拠を明らかにして自分の考えを述べているかどうか ・その考えのよさ，感想を言う
形態 人数	・対話（2人）	・グループ（3～4人）目的に応じた人数を考える	・グループ（4～5人）目的に応じた人数を考える

高学年になって人数が増えるとリーダーが必要になる。リーダーをどのように育てていくのかが話合いの活性化につながる。

5　リーダーの養成

1　リーダーの役割

グループ学習で大事なことの一つはリーダーの養成である。リーダーが十分なリーダーシップがとれるようにならないとグループ学習は適切に展開しない。そうかといって，特定のリーダーを養成して固定してしまってはかえって優越感・差別感を与えかねない。

そこで，どの子供もリーダーができるようにリーダーの役割を明らかにし，一人一人の子供に自覚させる。リーダーとは，グループ学習で多くの友達に自己学習の結果を発表させること，発表の内容を手短かにまとめ，次の橋渡しをすることである。

2　グループ学習の目標・方法の確認とリードの仕方

子供自身が司会をすることができるようにグループ学習の進め方を書いたカードをもたせ，それを参考にしながら進める。

進め方のカードがなくても臨機応変にできれば一番いいが慣れるまではカードに沿って進める。全員にカードをもたせるとそれに沿って進めて行けばよいので子供たちは安心できる。

6年の場合の話合いの進め方のカードを紹介する。学年や子供の実態に応じて工夫すればよい。

●説明的文章のグループ学習

1　今日の課題は，「○○～～」でしたね。
2　この課題を調べるために，3つの段落で大事な文を押さえて要約し

第3章　対話的な学びと協働学習　79

ましたね。

3 ○○さん，課題に対して要約したことを発表してください。

4 ○○さんは，このような大事な文を押さえていました。

5 これ以外に大事な言葉や文はありませんか。または，要約した中で
いらない文や付け加える文はありませんか。根拠をはっきりさせてか
ら言ってください。

6 発表した中身についてまとめる。

＊この文は，具体的に説明している文なのでいらないですね。

＊課題は○○だから，こんなことは答えなくてもいいですね。

＊課題は○○だから，このことは大事なことなので書かなくてはいけ
ないですね。

＊課題に対するまとめ方が，筋道が通っていませんね。

＊各段落の大事なことをまとめなければならないのに，○段落の大事
なことが落ちていますね。

7 課題に対して大事な文は，これと，これと，これですね。これらを
筋道が通るように要約するといいですね。

「要約の学習」についての司会の仕方である。

「6」は子供たちの発表を受けてまとめ，橋渡しをするための想定される
内容である。

●文学的文章のグループ学習

1 今日の課題は，「○○〜〜」でしたね。

2 この課題を調べるために，「△△の気持ち」「□□の気持ち」を想像
しましたね。

3 ○○さん想像したことを話してください。

4 ○○さんは，△△の言葉を押さえてこのように想像しました。

> ＊これに対して，違った想像をした人いますか。
> 　どこがどのように違うかを言って，自分の想像したことを言ってください。
> ＊○○さんは，「△△の文」を手がかりにしてこんなことも想像しましたね。（発表したらまとめる）
> ＊これと同じように想像した人いますか。どこがどのように同じか言って，自分の想像したことを言ってください。
> ＊想像の手がかりになる言葉はこれ以外にありませんか。
> 5　この課題に対してこのような言葉や文を手がかりにして想像すればいいですね。

　「＊」はリードの仕方である。文学的文章の読解指導では，グループでの協働学習は想像したことを発表し合うという方法をとる。それは想像の中身は人によって違う。それぞれがもっている知識・経験や感覚・感情の違いから生じるからである。「5」はグループ学習のまとめである。まとめは想像の手がかりにした言葉や文でまとめる。

6　話合いの見える化の工夫

　今までは話合いの見える化の工夫としてボードを用いて，課題に対するまとめを書いたり，自分の考えの根拠や手がかりの言葉を書いたりしてきた。現在はタブレットが導入されているので，タブレットを有効に活用することにより，話合いの活性化が期待される。

■　自己学習の結果（想像した内容や自分の考え）をタブレットで撮り，グループの話合いに活用する

　A児，B児，C児，D児の4人グループとする。A児は自己学習の結果をタブレットで写真を撮る。その内容をB児，C児，D児に送る。B児，C児，

第3章　対話的な学びと協働学習　81

D児はA児の自己学習の結果と比較する。「同じところ」や「違うところ」を明らかにする。その上で，B児はA児の内容と比較しながら発表する。違っていたら根拠を明らかにして話す。そのことについてC児やD児は自分の考えを述べる。それに対してA児も自分の考えを述べる。

このようにA児の学習結果を基にしてそれぞれが自分の考えを述べるようにする。話合いの結果はA児がタブレット上にメモ書きする。

話合いの基になる自己学習の結果をグループのメンバーがタブレット上で見ることができるので比較しやすい。

話し合った結果がタブレット上にメモ書きされているので，一斉学習ではプロジェクターで投影し，活用できる。

② タブレット上に想像の手がかりになる言葉や自分の考えの根拠になる言葉を抜き出し，話し合う

デジタル教科書が児童用のタブレットに入っていれば，想像の手がかりになる言葉や自分の考えの根拠になる言葉を抜き出すことができる。マーカーでサイドラインを引くと，そのままカードにすることができる。それらの言葉を関連付けることができる。

タブレット上に根拠になる言葉は抜き出し，想像したことや考えたことはノートに書いた内容を発表する。

話し合った結果がタブレット上にメモ書きされているので，一斉学習ではプロジェクターで投影し，活用できる。

話合いに活用するためにはタブレットの使い方に習熟することも大事である。

7 グループ学習における教師の役割

① 観察と指導

グループ学習の指導に当たって，教師は何を観察し，何を指導したらよい

かを明確にしておかないとグループ学習の目標は達成できない。

●メンバーの観察

メンバーの観察は指導カルテに基づいて

・一人一人が学習法を理解し，課題に応じて自己学習ができているのか。
・差異，異同を明らかにして自己学習の結果を適切に発表できているのか。
・グループ学習の方法が分かり，積極的に話合いに参加しているのか。
・友達の発表を課題に即して，判断しながら聞いているのか。

などの観点に立って，カルテを参照しながら観察し，記録する。

●グループ学習の観察～指導時間を考えながら

グループの学習状況を観察する場合には，課題に即して自己学習した結果を基にして，子供たちはどのように発表したり話し合ったりしているか。それに対してどのように聞き取ったり反応したりしているか，つまり，話合いがうまく行われているか。リーダーのリードの仕方は適切か，グループのメンバーは主体的に学習しているか，子供たちは今何を目がけて，何をどのように学習しているのか，みんなの間にはどんな異同があるのか，それが互いに分かり合えているのかなどについて観察し，記録する。

そこで，教師はグループを回り，あるグループは「場面の様子が十分想像できていないから，心情の想像が具体的でない」ということが分かったら，その場で指導する。また，どのグループも「段落の要点を読み落としている」ことが分かったらこの後の一斉指導で補うことができるように記録しておく。

つまり，教師はグループを回り，その都度指導することと，後の一斉学習の際に指導すべきことを見極めておくことが大事である。

第3章　対話的な学びと協働学習　83

グループごとに話合いを録音しておいて，それを聞いて改善すべき点，修正すべき点，指導を強化すべき点などを明らかにして役立てるようにする。

2 学習上の問題点

話合いで内容を理解しても読解能力が伸びたことにならない。必ず「読む」という活動を通さなくてならないことを頭においておくべきである。

子供たちは話合いで理解するとその場で付け加えたり，消したりする。そのため，正しくない内容を付け加えることも往々にしてある。必ず叙述にもどり，読み直して修正することが大切である。そうしないと，読解能力の向上にはつながらない。

2
能力差に応じた自己学習後のグループ学習

能力差に応じた学習法・学習シートで学習をしたならば，そのグルーピングはどのようにしたらいいのだろうか。

グループは診断的評価に基づいて，教師があらかじめグループをつくるものではない。

まず，子供たちの話合いで学習課題をつくり，その学習課題を分析して学習方法を決める。学習方法は，能力差に応じて３つの方法を決め，教師があらかじめ用意した学習シートを紹介する。

そこで，子供たちは，自分に合った学習法・学習シートを自由に選択する。子供たちが自由に選択できるようにするためには，学習課題を解決するための学習法・学習シートを十分に理解し，自分に合った方法を自分で選択できるようにすることである。また，どの学習法で学習しても，学習課題を解決することができるという見通しをもたせることである。

次に，同じ学習法・学習シートを選んだものが集まり，グループになる。こうして能力差に応じた３グループができる。それぞれのグループ名は優劣感をもたせないようにハートグループ，クローバーグループ，ダイヤグルー

プなどと名前を付けるとよい。

　このようにグループは子供自身の判断に基づいて，同じ学習法・学習シートを選んだもの同士がグループをつくる。

　能力差に応じたグループ学習ではＣランクの子供たちの話合いが活発になる。それは学習シートが課題を分析し，課題解決の過程が具体的であるためである。それに沿って話合いを進めていけばよいので，今まで話合いに参加できなかった子供も積極的に自分の思いや考えを述べることができる。つまり，自分の力を十分に発揮できる。

3
グループ学習後の一斉学習

1　話合いの不十分なところを補う

　教師はグループ学習の様子を観察することにより話合いの何が不十分かが分かる。そこでその不十分なところを補う。例えば，場面の情景が描けないため，心情の想像がやや観念的になっていたならば，一斉学習の中で情景を描かせる。また語句の理解が不十分な場合は，文脈の中で理解させる。そうすることによって課題にどう答えたらいいかがより確かになってくる。

　説明的文章の場合も，事実と筆者の考えの読み分けが不十分な場合はその部分を取り上げ，一斉の中で学習をする。同じように語句の学習もする。

　グループ学習で学習した内容は繰り返さないようにする。

2　学習評価の基準を決める

　学習課題に対してどのように読み取ればいいか基準をだす。

　説明的文章では，課題が「〜〜〜の理由をどのように解いていったのか。このことから，どんなことが分かるか」だとしたら，「一つはどのように解

第3章　対話的な学びと協働学習　85

いたか（手順）とその結果分かったこと　二つ目はそれらを筋道が通るようにまとめている」となる。

　説明的文章では課題に沿ってまとめるということが課題に沿って思考することである。叙述をそのまま書き写すのではなく重要語句を取り出し，まとめていく。

　文学的文章は想像の手がかりになる言葉をあげる。表象単位（まとまり）ごとに手がかりの言葉をあげると子供には分かりやすい。

3　自己評価をし，評価結果を確認する

　評価基準（行動目標に書いてある）を基に自己評価をする。
　説明的文章では，

・大事な言葉を落とさず，課題に沿ってまとめている人は　　　　「○」
・課題に沿ってまとめているが過不足がある人は　　　　　　　　「□」
・過不足があり，課題に沿ってまとめていない人は　　　　　　　「△」

を付ける。
　文学的文章では，

・十分に想像できた人は　　　　　　　　　　　　　　　　　　　「○」
・想像が少し足りなかった人は　　　　　　　　　　　　　　　　「□」
・叙述に即さない恣意的な想像をしている人は　　　　　　　　　「△」

を付ける。「○」の人は何人か，「□」の人は何人か，「△」の人は何人か確認し，次の指導に役立てる。

　評価の結果を自覚すると，修正して直そうという自己完成の意欲が起きる。

4 自己調節や深化学習をする

　子供たちの記憶で調節するのではなく，叙述にもどす。「□」「△」の人は，想像の手がかりになる言葉の中で，重要語句に〇を付けながら，この言葉の意味を考えながらもう一度読み直して，付け加えたり直したりする。

　「〇」の人には深化学習の課題を与える。学習する事項と関連させて学習が深まるような課題を与える。6年ならば，「〇〇と〇〇は，これからどう生きようと考えているでしょう」「筆者の考えに対してあなたはどう考えますか」などである。調節学習や深化学習の結果を発表するとどの子供も目標に到達したという満足感をもつ。

5 学習のまとめをする

　本時の学習範囲を読む。説明的文章では，「要点と細部を考えながら読んでみましょう」「筋道立てて筆者の考えの述べ方を考えながら読んでみましょう」，文学的文章では，「〇〇の様子や気持ちを想像しながら読んでみましょう」「情景描写が目に浮かぶように読んでみましょう」と目標に沿った助言をして，読ませる。最後に目標に到達できたのは，「こんな方法で学習したからである」と学習方法のまとめをする。

　次時の学習に期待できるような予告をする。

第3章　対話的な学びと協働学習　87

第4章

深い学びと評価

1
毎時間の学習評価

　評価について考える時に一番大事なことは，毎時間毎時間の学習評価である。学習計画をつくる前に行う診断的評価，毎時間行う形成的評価，さらに，学習後にどれだけ学習する能力が身に付いたのか評価する認定的評価がある。
　ここでは形成的評価を中心に述べる。

1　診断的評価

　新しい単元に入る前に，子供がもっている学習状況について診断するための評価である。どんなことを診断すれば学習指導計画の作成に生かすことができるのかという視点で診断的評価をする。

1　話題について
●話題に対する興味・関心
　話題に対して興味・関心をもっているか調べる。話題に対して興味・関心がなければ，その手立てが必要になる。
●話題に対する内情報
　話題に対する情報をもっているか調べる。情報をもっていると学習の展開が進めやすい。
●話題に対する必要性
　話題に対する必要性があるかどうか調べる。話題について学習したいという必要性があれば，学習が意欲的になる。

2　知識・技能について
●新出漢字の読みについて
　その単元で学習する新出漢字について調べる。「漢字にふりがなをつけな

さい」という設問で学習する教材文から，はだか漢字で出す。

●基本語彙の意味

　その単元の基本語彙について，どれだけ意味を理解しているのか調べる。

　理解が不十分な場合は学習指導の中で辞書で調べたり，文脈の中で理解したりする。

３　その単元で学習する能力について

　その単元で学習する能力について診断的評価をする。説明的文章で５年だったら，「要旨を読み取ること」「事実と意見を判別しながら読むこと」の能力について診断する。診断の結果で学習方法や学習シートの作成に生かすことができる。

2　形成的評価

　毎時間毎時間，学習目標がある。その目標にどれだけ到達したかどうかの評価を形成的評価という。そのためには評価基準を含めた目標の設定「行動目標」で設定することが大事である。

１　説明的文章の行動目標と評価

●本時の行動目標

　教材は，４年『アップとルーズで伝える』である。学習事項は，「Ｃ　読むこと」の「構造と内容の把握」の「ア　段落相互の関係に着目しながら，考えとそれを支える理由や事例との関係などについて，叙述を基に捉えること」である。

　学習範囲は第４段落，第５段落とする。

　第４，第５段落を読んでアップとルーズについて，考えとそれを支える具体例との関係を捉え，それぞれの長所・短所を次の条件を含めて書

第4章　深い学びと評価　91

くことができる。

アップ

＜具体例＞

・ゴールを決めた選手が両手を広げている。
・ユニホームは風をはらみ，口を大きく開けている。
・おうえん席の様子は分からない（写真）。

このことから

＜考え＞

　アップでとると，細かい部分の様子がよく分かるが，走っている選手以外のうつされていない多くの部分のことは分からない。

ルーズ

＜具体例＞

・おうえん席では，あちこちでふられる旗，たれまく，立ち上がっている観客とそれに向かって手をあげる選手たちの様子が分かる。
・各選手の細かい様子は分からない（写真）。

このことから

＜考え＞

　ルーズでとると広い範囲の様子がよく分かるが，各選手の顔つきや視線，それらから感じられる気持ちまでは分からない。

●課題の設定

　上記の目標に到達する課題を設定する。課題に沿って自己学習をして解決する。

> **課題**　アップでとるとどんなことから，筆者はどんな考えをのべていますか。また，ルーズでとるとどんなことから，筆者はどんな考えをのべていますか。

●評価・読み直し・修正

　アップとルーズでとるとり方のそれぞれの長所・短所を具体的な例を基にして（写真との対応），筆者はそこから分かったことを述べている。だから，具体例とそこから分かった伝え方についての筆者の考えを読み取ることが大事である。上記の目標の条件に照らして自己評価をする。評価の結果，過不足がある場合は，課題は何を聞いているか，読み直す。具体例と筆者の考えの読み分けがはっきりしない場合は，具体例の文末「～～います」「～～です」，考えを述べている文末「～～よく分かります」「伝わります」に注意しながら読み直す。なぜ間違ったのかその原因は叙述の読み落とし，読み間違いかどうか理解し，その上で修正すると深い学びになる。

２　文学的文章との行動的目標と評価

●本時の行動的目標

　教材は３年『ちいちゃんのかげおくり』である。

　学習事項は，「Ｃ　読むこと」の「精査・解釈」の「エ　登場人物の気持ちの変化や性格，情景について，場面の移り変わりと結び付けて具体的に想像すること」である。

　学習場面は「ちいちゃんが一人でかげおくりをし，空の上で家族に会う場面」である。

第４章　深い学びと評価　93

「ちいちゃんが一人でかげおくりをし，空の上で家族に会う場面」を読んで，その場面の様子やちいちゃんの気持ちを次の叙述を基に想像し，書いたり話したりすることができる。

①ちいちゃんが一人でかげおくりをする場面

場面の様子	・青い空からふってきたお父さんお母さんの声
	・ふらふらする足をふみしめて立ち上がる
	・たった１つのかげぼうしを見つめながら，数えだす
	・お父さんの低い声，お兄ちゃんのわらいそうな声がかさなって聞こえる
ちいちゃんの気持ち	・くっきりと白いかげが４つ
	・体がすうっとすきとおって，空にすいこまれる
	・一面の空の色，空色の花ばたけ

②空で家族に会う場面

空の様子	・お父さんとお母さんとお兄ちゃんが，わらいながら歩いてくるのが見えました
ちいちゃんの気持ち	・きらきらわらいました
	・花ばたけの中を走りだしました

●課題の設定

設定した課題で学習すると目標に到達できるという課題を設定する。課題に即して自己学習する。

課題 ひとりだけでかげおくりをするちいちゃんが家族に会うまでの気持ちはどんなだったでしょうか。

課題を分析して

- ひとりだけでかげおくりをするちいちゃんの気持ち
- ちいちゃんが家族に会った時の気持ち

の２つを想像することを押さえる。

●**評価・読み直し・修正**

　２つの表象単位がある。ちいちゃんがかげおくりをする場面と空で家族に会う場面において，上記に挙げた言葉を手がかりに想像できていればよい。上記の評価基準に照らして自己評価をする。この評価のことを形成的評価という。自己評価の結果，目標に到達できていなければもう一度叙述にもどり，押さえるべき表象単位や想像する上での重要語句，その語句の意味理解を通し，読み直し修正する。このことが深い学びである。

　このような学習の繰り返しによって，「場面の様子や気持ちを想像しながら読む能力」が習得できる。

3　認定的評価

1　認定的評価

　認定的評価とは単元の学習後に学習した能力や知識・情報，思想，心情・感覚などがどの程度習得されたかを認定するための評価である。

　単元の指導計画を作成するにあたり，学習する単元での学習する能力を明らかにした。これらの能力を確実に習得させるために，毎時間評価を位置付け，学習のやり直しをしてきた。その結果，学習能力がどの程度習得できたかどうかを評価することが認定的評価である。そこで，この評価の結果に基づいて，指導するとか，学習を調節するなどということがないのが普通である。評価の結果は学習者の学力，成績などを判定するための資料となる。

第４章　深い学びと評価　95

2 認定的評価における問題文作成

●認定的評価での評価項目

その単元で学習する能力について認定的評価をするわけである。学習する能力とは学習指導要領の説明的文章や文学的文章の学習事項である。

例えば，学習する能力が「要旨を理解すること」「要旨に対して自分の考えをもつこと」であったならば，その能力の習得状況を調べるためのテストを作成する。また，その単元で学習する新出漢字の読みや基本語彙の理解や用法などに関する問題も作成する。

●問題を作成する上での留意点

学習した教材の筆者の論の展開が条件型ならば，条件型の文章を選ぶ。

また，要素型の文章ならば，要素型の文章を選ぶ。また，叙述の難易度が学習した教材と同程度のものとする。

一つの方法として，診断テストで使用した問題を使い，調べることもできる。その結果を見るとどのようにその能力を習得していったかその過程がわかる。

3 処理の仕方

点数で処理するのではなく，能力の働かせ方をパターン化する。そうすると次の単元の学習の指導に役立つ。

第5章

思考力・判断力
・表現力を育てる
単元デザイン

1
深い学びが実現する単元デザイン

1　習得→活用→探究の過程を踏む

　1単元1教材の学習では深い学びができない。習得過程では言語能力の学び方や1時間の学習過程とその学び方を身に付ける。活用過程ではその習得した言語能力や学び方を活用しながら，自ら進んで積極的に学習を進める。さらに探究過程では自ら課題を発見し，自ら解決し，言語生活や社会生活を改善したり，豊かにしたりする。このような過程を踏みながら，単元をデザインし，言語活動を充実させ，生きて働く力を身に付けさせたいと考える。

2
習得→活用→探究の過程を踏まえた
単元デザイン

1　説明的文章の単元デザイン

　新学習指導要領の目標は，「生きて働く知識・技能の習得」「思考力・判断力・表現力等の育成」「学びに向かう力・人間性の涵養」の3つの視点から書かれている。その視点から習得過程，活用過程，探究過程の育てるべき資質・能力について考える。

　まず，習得過程ではどんな資質・能力をもった子供に育てたいのか明らかにする。5年『見立てる』『生き物は円柱形』の教材を通して，「論理的に考える子供を育てる」とする。そのためにどんな単元デザインするか考える。

　次に『見立てる』で学習する能力を明らかにする。「要旨の読み取り方」「具体例を根拠に筆者の考えを述べる論の進め方」「自分の考えのもち方」に

ついての学び方を習得する。能力の学習には，知識・技能が深く関わっている。と同時に主体的・対話的で深い学びを実現するための1時間の学習過程の学び方を学習する。例えば，この単元では，「課題設定の方法」「活発に話合いを進める学習法」を重点的に学ぶとする。1時間の学習過程の学習法についてはその単元での重点化を図るとよい。さらにこの学習を通してどんな人間性の涵養につながっていくかも明らかにする。

活用過程では，習得過程で身に付けた「①読む能力，②学び方，③主体的・対話的で深い学びができる1時間の学習過程」を活用しながら学習を進める。プールした学習方法を引き出すようにする。

探究過程では，話題が関連する本を読み筆者のものの見方・考え方に自分の考えをもち，知的な感動をもつ。

このような過程を踏みながら，自然や生き物について，興味・関心をもち，論理的に考える子供を育てたい。

2　文学的文章の単元デザイン

1年「お話を楽しんで伝えよう」という子供を育てる単元デザインを考える。まず，習得過程では，『ゆうやけ』で学習する能力を明らかにする。「粗筋を読み取る能力」「登場人物の行動を具体的に想像する能力」「文章の内容と自分の体験とを結び付けて，感想をもつ能力」とする。その能力をどんな方法で学習するのか学び方を学習する。と同時に，主体的・対話的で深い学びができる課題学習について，1年生の発達に合わせながら学習を進める。

さらに人間性の涵養という視点から人間形成に培う内容的価値「無邪気なかわいいきつねの子の行動に共感しながら読み，きつねの子，うさぎの子，くまの子がおりなす楽しく，仲のよい世界を楽しむことができる」とする。

活用過程では，習得過程で身に付けた3つの力を活用しながら学習を進める。森山京の作品をもっと読んでみたいという意欲を喚起し，活用過程につなげる。

第5章　思考力・判断力・表現力を育てる単元デザイン　99

探究過程では，森山京の読んでみたいと思う作品を自分で選び，楽しんで読書をする。その上で，読書会を開き，互いに読んだ本の感想を交流し，友達が読んだ本を読んでみようとする態度を養う。こうして，子供たちの言語生活を豊かにする。自ら森山京の作品を選び，自ら楽しみながら読む。

3　他教科との関連を図る単元デザイン

他教科との関連を図りながら，習得過程→活用過程→探究過程を踏んでいく。学習する話題に対する興味・関心を高めたり，学習する話題に対して，知識や情報を得たりするために関連させる。

2年『たんぽぽのちえ』の学習に当たり，生活科との関連を図る。生活科の単元『春をさがそう』で，「たんぽぽ」に実際に触ったり，綿毛を飛ばして遊んだりして実体験をし，興味をもたせる。そうすると，子供たちは生活の中から様々な疑問や問題をもつ。そこから，国語科につなげていく。

5年『天気を予想する』の学習に当たり，理科との関連を図る。理科の単元『天気の変化』で天気についての知識や情報を得ることで，『天気を予想する』の学習が進めやすい。

6年『「鳥獣戯画」を読む』の学習では，図工との関連を図る。筆者の鑑賞の方法を関連させながら，探究過程での作品の鑑賞につなげる。

カリキュラム全体を見て，他教科との関連がより主体的・対話的で深い学びを充実させていくと判断したならば関連させる。

やはり，他教科との関連を図る単元デザインにおいても，

「生きて働く知識・技能の習得」
「思考力・判断力・表現力」
「学びに向かう力・人間性の涵養」

の3つの視点は忘れてはいけない。

●説明的文章 「論理的に考える子供を育てる」（6年）の単元デザイン例

活用過程では6年最後の教材なので，今まで習得した説明的文章の読み取り方を活用して，自分で学習する。探究過程では自分の生活における課題を発見し，自分の生活の改善につながる意見文を書く。

習得　　　　　　　→活用　　　　　　　　→探究

『笑うから楽しい』『時計の時間と心の時間』『鳥獣戯画』を読む」	『自然に学ぶ暮らし』	『自然に学ぶ』をテーマに意見文を書く
【人間性に培う価値】筆者が情報意図を述べるために事実を根拠に自分の考えをどのように展開しているかを読み取り，論理的思考力を育てることができる。	【人間性に培う価値】地球の資源が少なくなっている中で，自然に学び，新しい暮らしのあり方を考えていくことについて自分の考えをまとめることができる。	【人間性に培う価値】「自然に学ぶ暮らし」について自ら課題を発見し，その解決のために情報を収集・整理・分析し，未来社会について自身の考えを書くことできる。
【学習した能力とその学び方】・事実と意見・感想を判別しながら読む方法・情報意図を読み取る方法・情報意図に対する自分の考えをもつ方法	【学習した能力を活用】習得した能力や情報文の読み取り方を生かし，自分で読み取る・情報意図を読み取る方法・事実と意見・感想を読み分けながら筆者の考えを読み取る方法・情報意図に対して自分の考えをもつ方法	【学習した能力の活用】「自然に学ぶシリーズ」を情報文の読み取り方を生かして読む
【1時間の学習の過程の学び方】・主体的・対話的に学ぶ学習過程・課題に応じて学習する方法（自力で解決する）・ペア・小グループの話合いの方法・自己評価の方法・学習のやり直しの方法	【学習した1時間の学習過程の活用】・自ら課題を設定し，課題解決をする・ペア・小グループの話合いの方法・自己評価の方法・学習のやり直しの方法	意見文を書く①問題点（身の回りの事実）②問題の根拠（理由）③問題点を解決するためのあなたが考える理想的な社会とは④理想的な社会を実現するための自分の考え
【論理的思考力を育てる】	【論理的思考力を育てる】	【論理的思考力を育てる】

課題を調べるための読書

●文学的文章「楽しんで読書をし，感覚・感情を育てる」（1年）の単元デザイン例

『ゆうやけ』の学習で習得した能力を活用して，自分で森山京の作品を選んで読み，簡単な読書会を開き交流する。

習得 → 活用 → 探究

『ゆうやけ』	森山京の作品	森山京の作品
【人間性に培う価値】 無邪気なかわいいきつねの子の行動に共感しながら読み3匹の動物がおりなす童話の世界を楽しむことができる。	【人間性に培う価値】 『おはなしぽっちり』＜はる＞＜なつ＞＜あき＞＜ふゆ＞を，自分の体験と結び付けながら読み，童話の世界を楽しむことができる。	【人間性に培う価値】 自ら森山京の好きな作品を選んで読み，同感したり，共鳴したりして，森山京の作品を楽しむことができる。
【学び方を学ぶ】	【学び方の活用】	【学び方の活用】
国語科の学び方 ・あらすじの読み取り方 ・行動や様子の想像の仕方 ・感想のもち方	国語科の学び方 ・あらすじの読み取り方，感想のもち方を生かす	国語科の学び方 ・あらすじの読み取り方，感想のもち方を生かす
【1時間の学習の過程の 学び方】	【1時間の学習の過程の 学び方】	【1時間の学習の過程の 学び方】
・主体的・対話的に学ぶ学習過程 ・課題に応じて学習する方法（自力で解決する） ・ペア・小グループの話合いの方法 ・振り返りの方法 ・学習のやり直しの方法	・感想の交流の仕方を生かす	・交流の仕方を生かし，簡単な読書会を開く
【想像力を育てる】	【想像力を育てる】	【同感したり，共感したりする感覚を育てる】

関　連　読　書　→

●他教科との関連を図った単元デザイン例（5年）

　5年の社会科では「情報化した社会の様子と国民生活との関わり」の中で「情報の有効活用」について学習することになっている。ここでは社会科と国語との関連を図りながら学習を展開する例である。

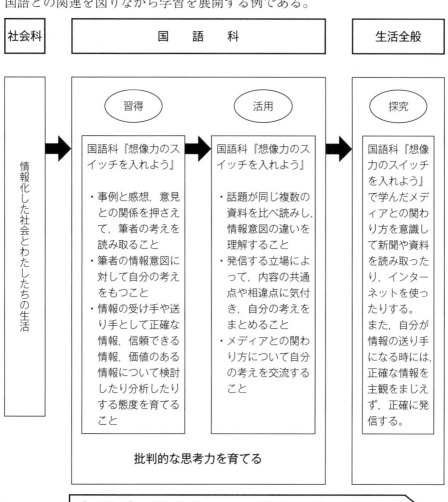

第6章

思考力・判断力
・表現力を育てる
課題学習の授業プラン

説明的文章の授業プラン

1

『じどう車くらべ』
（1年）

1　単元の目標

　『じどう車くらべ』に書いてあることの大体を叙述に即して正確に読み取り，自動車の仕事とそのためのつくりに興味・関心をもつことができる。

2　教材研究

　『じどう車くらべ』は説明的文章の中の知識教材であり，いろいろな自動車の「しごととつくり」についての知識を述べている。

　『じどう車くらべ』は大段落４つで構成されている。

　大段落１は，話題と課題提示の文章がある

　はじめに「いろいろな……はしっています」と話題を提示し，読み手にじどう車に対する興味をもたせ，「それぞれの……どんなしごとをしていますか。……どんなつくりになっていますか」と課題を提示している。

　大段落２，３，４は「人をのせてはこぶバスやじょうよう車」「にもつをはこぶトラック」「ものをつりあげるクレーン車」の３つが並列に組み立てられている。段落の中の最初の一文目は「しごと」について，「〜〜は〜〜を〜〜する」という文型でしごとを押さえ，二文目・三文目は，その「しごと」に合わせて「つくり」が，「〜〜が〜〜なっている。〜〜〜が〜〜ついている。〜〜が〜〜つくってある」という文型で「つくり１」「つくり２」が述べている。これらの文型は基本文型である。

　この教材を学習する時期の１年生は，書いていないことを自分がもっている知識や経験を付け加えて読んだり，読み落としや読み間違いをしたりする。『じどう車くらべ』では基本文型を読む，基本文型で答えることを繰り返す

106

ことによって叙述に即して正確に読む力が定着すると考える。

3 指導計画（8時間）

習得過程

❶ 全文を課題に即して直観的に読んで内容の大体を捉える
- 題名，話題提示の段落を読み，全文を直観的に読む課題を設定する。
- 直観的に読み，内容の大体を押さえ，課題に即してまとめる。

❷❸❹ 直観的に読み取った内容の大体をより確かに読み取るための課題を設定し，分析的に読む
- 課題に沿って，バスやじょうよう車の仕事とその仕事に合わせてつくられていることを叙述に即して正確に読み取る。
- 課題に沿って，トラックの仕事とその仕事に合わせてつくられていることを叙述に即して正確に読み取る。
- 課題に沿って，クレーン車の仕事とその仕事に合わせてつくられていることを叙述に即して正確に読み取る。

❺❻ 課題に即して全文を体制的に読んで，「しごと」と「しごとに合わせたつくり」について押さえ，しごとによって構造が違っていることを理解する
- バスやじょう車，トラック，クレーン車について「しごと」と「つくり」について表解する。
- 表解したものを見て，それぞれの車について，「しごと」と「つくり」を比べる。

活用過程

❼ 学習した以外の自動車について調べる
❽ その自動車について説明の基本文型を使って，「しごと」と「そのしごとに合ったつくり」を書いたり話したりする

第6章　思考力・判断力・表現力を育てる課題学習の授業プラン　107

4 指導の実際

■ 第❶時 直観的に内容の大体を読み取る

・題名，話題提示文を読む

　本文最初の1文目を読み，話題について興味をもったところでこの中でどんな自動車を知っているかと発問し，子供がもっている知識と結び付ける。

　「それぞれのじどう車は，どんなしごとをしていますか」「そのために，どんなつくりになっていますか」と課題提示文を読む。「それぞれ」とはどんなことかなと発問しながら，その車を具体的に挙げさせる。また，「それぞれ」と書いてあるから，「仕事もつくりも同じかな，違うのかな」と子供は疑問をもつ。その上で，接続語「そのために」の表す意味を押さえる。

●子供がもった疑問を基に全文を直観的に読み，内容の大体を捉える課題を設定する

　かだい　どんなじどう車のしごとやつくりについて書いてありますか。

・課題解決の方法を工夫する

1　さいしょからさいごまでこえをだしてよむ。
2　「どんなじどう車か」がわかるところにせんをひく。
3　かだいにあうようにシートにこたえをかく。

　内容の大体を読むためには全文を読む必要があること。1年生の段階では声に出して読むと正確である。また，一斉に声を揃えて読みなさいと指示を出す教師もいるが子供たちはそれぞれ読む速さも理解も違うので各自自分のペースで読ませることが大事である。

　読んだら，課題に答えるために課題の答えにあたるところだけ線を引かせ

る。線の引き方を全員で学習してもいい。

・一人一人が課題解決のための自己学習をする

・課題に沿って読み取った内容の大体を話し合う

　課題では何についてきかれているか，課題意識が低い子供は，「バスやじょうよう車は，人をのせてはこぶしごとをしています」と書きがちである。

　このように書いた子供の学習シートをプロジェクターで投影し，「課題に答える」とはどういうことか考えさせる。気が付いたことを言わせる。すると，「課題はどんなじどう車のしごととつくりについて書かれてあるかときかれているので，『どんなじどう車』だけを書けばいい」「これは，バスやじょうよう車のしごとを書いてある」「しごとだけでなくつくりも書いてあるよ」などと子供たちは答える。そこで「もう一回最初の文章を読んでみよう」と読ませ，課題に答えるためにはどのように直したらいいかみんなで考える。「読ませる」のは覚えた内容をそのまま書くのではなくどのように叙述されているかその文章からきかれている内容を抜き出すためである。

　このような学習を繰り返すと，「課題に応じて答える」ことを意識できるようになる。課題に答えていない学習シート，課題に対して過不足がある学習シート，正しく答えた学習シートを提示し，子供たちに考えさせる。課題に答えることによって，課題に即して考える力が付く。

　課題に答えた内容をカードにまとめる。

・バスやじょうよう車のしごととつくり

・トラックのしごととつくり

・クレーン車のしごととつくり

第6章　思考力・判断力・表現力を育てる課題学習の授業プラン　109

このカードは大段落ごとに分析的に読むための課題設定に使う。

2 第❷時　直観的に読み取った内容の大体を叙述に即して正確に読む

学習単位　第2段落（バスやじょうよう車の段落）

学習目標　第2段落を叙述に即して正確に読み取り，バスやじょうよう車の仕事と仕事に合わせた造りについて次のように書いたり，話したりすることができる。

- ・バスやじょうよう車は人をのせてはこぶしごとをしています。
- ・そのために，ざせきがひろいつくりになっています。大きなまどがたくさんあるつくりになっています。

学習内容（△主体的に学習に取り組む態度　○思考力,判断力,表現力「読むこと」　●知識・技能）

△叙述に即して正確に読み取り，課題に答えようとすること

○叙述に即して正確に読み取ること

●語句の意味や働きを具体的に理解すること

●新出漢字を読むこと（じどう車，人）

●学習目標を確認する（直観読みで読み取った内容を書いたカードの提示）

・バスやじょうよう車のしごととつくり

今日はこのことを詳しく読んでいくことを確認する。

・学習範囲を確認する

バスやじょうよう車について書かれている段落に鍵かっこをつける。

この時期の子供たちは学習範囲を把握できないためいつも全文を読みがちである。

・本時の学習範囲を微音読し，書かれている内容の大体を読み取る

「バスやじょうよう車のしごととそのためのつくり」について書かれていることを押さえ，板書する。子供たちは，「バスはじょうよう車はどんなしごとをするのか。そのためにどんなつくりになっているか」問題意識をもつ。

そこで，板書を指し示しながら，「このことを詳しく読む課題をつくりましょう」と助言する。

●叙述に即して正確に読むための課題を設定する

> **かだい** バスやじょうよう車はどんなしごとをしていますか。
> そのために，どんなつくりになっていますか。

課題の「そのために」の表す意味について理解させる。

・課題解決の方法を工夫する

> 1 バスやじょうよう車について書いてあるだんらくをこえをだして読む。
> 2 「どんなしごと」が書いてあるところにせんをひく。
> 3 「どんなつくり」が書いてあるところにあかでせんをひく。
> 4 かだいにあうように「～～は～～している」「～～は～～なっている」とシートにみじかくかく。

・課題，方法に沿って，課題解決のために自己学習をする

　子供たちは主体的になり，思考力が一番働く。課題解決のための自己学習がなかったならば子供たちの思考力は働かない。

・自己学習の結果をペアで発表する

　学習形態を工夫し，交流する。発表する内容は，課題に沿って発表する。

> C1 バスやじょうよう車はどんなしごとをしていますか。
> C2 答える。
> C1 そのためにどんなつくりになっていますか。
> C2 答える。

第6章　思考力・判断力・表現力を育てる課題学習の授業プラン　111

交替して繰り返す。

●一斉学習をし，「課題に答える」ということ，語句の意味や働きの理解をする

・課題に対して必要でない事柄を書いたシートを取り上げる

　例えば，「そとのけしきがよく見えるように，大きなまどがたくさんついています」の学習シートをプロジェクターで投影する。

　「大きなまどがたくさんついているのはなぜですか」と発問する。「外の景色がよく見えるようにするため」と子供は答える。それは「大きなまどがある理由」なので，課題に対して必要な事柄ではないことを理解し，課題に対する大事な言葉を書くことを意識させる。

・課題に対する不足がある学習シートを取り上げる

　「まどがあります」と書いた学習シートをプロジェクターで投影する。「まど」でも「どんなまどか，いくつあるのか」と発問し，叙述に戻る。その上で次の二つの文を比べて「大きい」と「たくさん」の語句の意味を考えさせる。

「まどがあります」　⇔　「大きなまどがたくさんあります」

　また，文章の構造を換えて答えることによって内容の理解を深める。

・「課題に答える」ことの意識を高める

　文章をそのまま書き写したのでは課題に答えることにはならないし，内容を深く理解したとは言い難い。二つ目の課題は「どんなつくりになっていますか」ときかれているので，「〜〜は〜〜つくりになっている」と答えるほうがよりよい。その方がより仕事と構造が結び付き，理解が深まる。

　課題に答えるためには文章の構造を換えて答えなくてはならないような課題が子供たちの考える力を育てる。

　一斉学習の中で思考力を高めるためには発問をどう組み立てていくかが教師として授業づくりの大事な視点である。

●評価基準を提示し，自己評価をする

評価基準の提示には条件法，見本法という方法がある。

> 条件法とは　バスやじょうよう車のしごと
> 　　　　　　バスやじょうよう車のつくりについて２つ書いてある。
> 見本法とは　課題に対する答えを見本として板書する。

　１年生なので見本法がよい。見本に照らして，評価する。見本と同じように書いてあれば◎，余分なものを書いたり足りなかったりしたら△を付ける。

・評価の結果に基づいて，加除修正する

> 「△」の人〜「ひろく」「大きな」「たくさん」ということばにきをつけて
> 　　　　　よみなおしましょう。
> 「〇」の人〜「つくり」について２つかいてあるが１つの文にまとめてみ
> 　　　　　ましょう。文がうまくつづくようにしましょう。

　「しごと」や「つくり」についてみんながよく分かったことを確認して，音読をする。

❸　第❺・❻時　ばらばらに読み取った内容を関連付け，体制的に読む

　分析読みでは車ごとに「しごと」と「つくり」について叙述に即して正確に読み取ってきたので，それらを全体として関連付けるために表解する。

　それを参考にしながら，「バスやじょうよう車とトラックのしごととつくり」「トラックとクレーン車のしごととつくり」「バスやじょうよう車とクレーン車のしごととつくり」を比べて同じところや違いを見つけるような課題を設定する。

第6章　思考力・判断力・表現力を育てる課題学習の授業プラン　113

・課題を設定する

> かだい　バスやじょうよう車，トラック，クレーン車のしごとをつくり
> をくらべるとどんなことが分かりますか。

・課題解決の方法を工夫する

> 1　さいしょからさいごまでよむ。
> 2　じどう車，しごと，つくりをひょうにまとめる。
> 3　くらべておなじところやちがうところをまとめる。

・一人一人が自己学習をする

説明的文章の授業プラン

2

『すがたをかえる大豆』
(3年)

1　単元の目標

　『すがたをかえる大豆』を要点と細部の関係を考えながら正確に読み取り，すがたをかえる大豆の情報を得るとともにすがたをかえる身近な食材に興味をもつことができる。

　すがたをかえる身近な食材を選び，どんな工夫，その工夫によってどんな食品になるか中心のはっきりした文章を書き，筋道立てて考える力を育てることができる。

2　教材研究

　『すがたをかえる大豆』の筆者の論理の展開は50ページに述べた。また，第3～7段落の構成は，まず要点がある。次に，細部は要点を受けてその食品名が書かれている。つまり，細部は要点を具体的に説明している。

　この単元は複合単元として，「書くこと」につなげていくので，読むことにおいて中心の段落では，要点（取り上げた食材をおいしく食べるためにどんな工夫をしているか～中心になる文），それを細部では具体的に説明していること（その工夫によってどんな食品になるのか）を押さえる必要がある。

3　指導計画（9時間）

習得過程

❶　全文を課題に即して直観的に読んで中心になる文（要点）を読み取る

・題名，話題提示の段落を読み，全文を直観的に読む課題を設定する。

第6章　思考力・判断力・表現力を育てる課題学習の授業プラン　115

・直観的に読み，要点（中心になる文）を押さえ，課題に即してまとめる。

❷❸　直観的に読み取った要点をより確かに読み取るための課題を設定し，分析的に読む

・第３〜７段落を要点と細部の関係を考えながら叙述に即して内容を正確に理解する。

・第８段落を読み，どんな事例を基に筆者は考えを述べているか押さえる。

❹　全文を体制的に読んで，理解した内容を表解する

・表解したことを筋道が通るように説明する。

❺　表解した図を見て，分かりやすい説明文の書き方を発見する

【活用過程】

❻　題材を決め，書く事柄を集める

・分かりやすい説明の仕方を生かして，『すがたをかえる食べ物大図鑑』をつくるという目的をもつ。

・関心のある身近な食材から１つ選ぶ。

・題材に沿って，「どんな工夫があるのか」「どんな食品があるのか」書く事柄を調べ，イメージマップにメモする。

❼　まとまりごとに段落をつくり，中心のはっきりした文章を構成する

・イメージマップから書く事柄（どんな工夫，その工夫によってどんな食品になるのか。または，どんな食品にすがたをかえるのか）を取捨選択し，カードに整理する。

・中心の明確な構成をする。

・中心が明確になるように，段落相互の関係などに注意して文章を構成する。

・話題提示とまとめ（まとめと自分の感想）を書く。

・構成を読み，段落と段落がうまく続くように接続語や文を書く。

❽　叙述する

・事実（調べたことはそのまま正確に書く），思ったこと・考えたこと（終わりの段落）を分けて書く。

・構成表を見ながら，説明の文体「です」「ます」で書く。

❾　推敲する

・「調べたことが正確に書いてあるか」「調べたことと，思ったことを区別して書いてあるか」「表記」について，評価し修正する。

・情報文を書く目的に沿って交流する。

探究過程

・他教科において自ら課題を発見し，課題解決のための情報を収集し，整理・分析し課題に合うようにまとめる。

4　指導の実際

1　第❶時　直観的に中心になる文を読み取る

●題名・話題提示文・課題提示文を読む

　『すがたをかえる大豆』の題名を読むと，子供たちは「大豆とはどんな材料か，私たちが食べたことがあるのか」「大豆はなぜすがたをかえるのか」「大豆はどんなふうにすがたをかえるのか」と疑問や問題をもつ。話題提示や課題提示（課題としてかかれていないが）の文章は大豆に対する興味や関心を喚起し，子供がもった疑問や問題に答えるように書かれている。「大豆はいろいろな食品にすがたをかえている。大豆はかたくて，そのままでは食べにくく，消化もよくないので，昔からおいしく食べる工夫をしてきた」を読むと大豆がすがたをかえる理由が分かる。下線部分から，「おいしく食べる工夫とはどんな工夫か」という疑問を基に課題設定につなげる。

・全文を直観的に読んで要点を捉える課題を設定する

> **課題**　大豆をおいしく食べるためにどんな工夫がありますか。

第6章　思考力・判断力・表現力を育てる課題学習の授業プラン　117

・課題解決の方法を工夫する

1　課題に答えるために全文を黙読する。
2　課題の答え（工夫）が分かる文にサイドラインを引く。
3　課題に合うように学習シートに書く。

　課題に答えることによって中心になる文に反応することができる。
　内容を読み取ったら，段落で一番大事な文章を中心になる文（要点）であることを押さえる。

2　第❷・❸時　分析過程～要点と細部の関係を考えながら読んで，叙述に即して内容を正しく理解する

　要点を読み取っているのでさらに細かい点を詳しく読もうという意欲を喚起し，課題設定につなげる。
　3年生なので叙述されている事実の理解を通して，「その事実を表す意味」が分かるような読みが成り立つ課題を設定する。

●課題を設定する

課題　それぞれの工夫によって，どんな食品にすがたをかえますか。

・課題解決の方法を工夫する

1　課題に答えるために全文を黙読する。
2　課題の答え（工夫と食品名）にサイドラインを引く。
3　課題に合うように学習シートに書く。

3 第❹・❺時 体制過程～各段落ばらばらに読んできた内容を分かりやすくまとめる

学習単位 全文

学習目標 全文を体制的に読んで，情報と情報を関連付け，次の条件を考えて表解することができる。

・要素：話題・要点と細部・まとめ　・条件：分かりやすい

学習内容（△主体的に学習に取り組む態度　○思考力,判断力,表現力「読むこと」　●知識・技能）

△理解した内容を分かりやすく組み立てようとすること

○理解した内容を要点と細部を考えながら組み立てること

・分かりやすい説明文の書き方を発見するために，筆者の論理の展開を視覚的に分かるようにする。そのまとめた表から分かりやすい説明文の書き方を発見させるようにする。子供たちはばらばらに読んできた内容を自分にとって分かりやすいようにまとめるためにはどうしたらいいかを考える。

●課題を設定する

> **課題** 文章全体を読んで，「大豆をおいしく食べるためにどんなくふうをしているか」の組み立てが一目で分かるようにするためにはどうしたらいいか。

・課題解決の方法を工夫する

> 1 全文を話題，要点とその説明の関係，まとめを考えながら読む。
> 2 読み取ったことをもとに分かりやすく線で結んで図にする。

・能力差に応じた学習シート3種類を紹介する

子供たちは自分に合った学習シートを選ぶ。教師はどの学習シートで学習しても目標に到達することができることを説明する。

第6章　思考力・判断力・表現力を育てる課題学習の授業プラン　**119**

〔Aシート〕

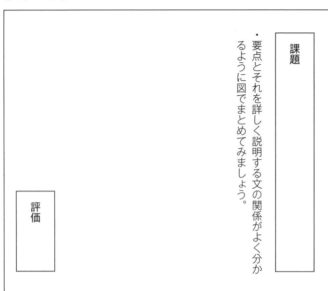

・要点とそれを詳しく説明する文の関係がよく分かるように図でまとめてみましょう。

課題

評価

> 読み取ったことを要点と細部の関係を考えながら読むことができるので自分の考えで図に書く。これは、「情報の扱い方に関する事項」の「ア 考えとそれを支える理由や事例、全体と中心などの関係について理解すること」の学習につながる。

〔Bシート〕

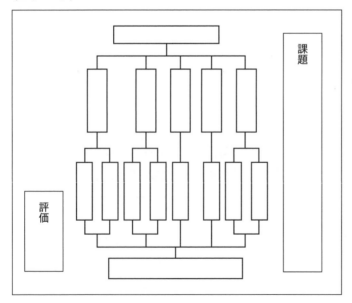

課題

評価

> Bランクの子供は情報と情報を関係付けてどのようにまとめたらいいのか分からないのでまとめ方の枠を用意しておく。

〔Cシート〕

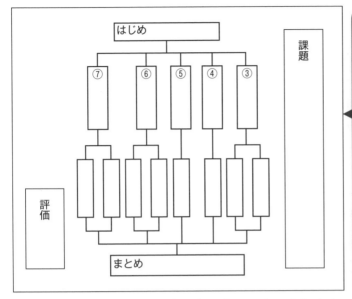

- 一人一人が課題に沿って自己学習をし，表にまとめる
- 表解したものをプロジェクターで投影し，説明する
  関連付けながら，説明することによって，筋道立てて考える力が育つ。
- 評価基準を設定する

「どんなことを表にまとめればよいか」子供たちと話し合いながら，評価基準を設定する。評価基準は次の通りである。

- 話題が書いてある
- 「大豆をおいしく食べるためにどのようなくふうがあるか」5つの要点を書いてある
- 「それぞれのくふうによってどんな食品にすがたをかえるか」くわしく説明していることが書いてある
- まとめが書いてある

第6章　思考力・判断力・表現力を育てる課題学習の授業プラン　121

・評価基準に照らして自己評価をする

課題に合った分かりやすいまとめ方をした人　　「〇」を付ける。

大事な条件がぬけた人　　　　　　　　　　　　「□」を付ける。

・調節条件に従って調節読みをする

【「□」の人の調節条件】

要点と詳しく説明している文との関係，まとめを考えて読み直す。

・深化学習をする

【「〇」の人の深化学習】

「すがたをかえる大豆」の学習をしてどんな感想をもちましたか。

　学習のやり直しの結果を確認する。また，どんな感想をもったかを確認する。

4　第❺時　分かりやすい説明の方法を見つける

　図にまとめることによって，『すがたをかえる大豆』の説明的文章はとても分かりやすいことが分かる。分かりやすいのはどうしてかと疑問をもたせ，課題設定につなげる。

●課題を設定する

課題　『すがたをかえる大豆』を分かりやすく説明するために，筆者はどんな工夫をしていますか。

・課題解決の方法を工夫する

1　課題に答えるために全文を黙読する。

122

2 「どんな工夫をしているか」その視点を子供と一緒に考える。
3 学習シート（文章全体の構成，要点と細部をまとめた視覚的に分かる学習シート）を見て考える。
4 工夫について理由を明らかにする。

●分かりやすい説明の工夫についてまとめる

1 全体の文章構成
はじめ〜 話題の提示，読み手をひきつける書き方。（問題意識をもたせるような書き方）
中 〜 その話題について，要点と具体的な例をだして説明。
終わり〜 全体をまとめ，筆者の考えを述べている。
2 要点と細部（大事なこととその例〜食品名）
3 写真と文
4 段落相互の関係〜 それぞれの要点が並列に並んでいる。
5 段落と段落をつなぐ接続語
段落と段落をつなぐ接続語によって，筋道が通る分かりやすい説明文であることが分かる。

第6章 思考力・判断力・表現力を育てる課題学習の授業プラン 123

説明的文章の授業プラン

3
『生き物は円柱形』
（5年）

1 単元の目標

　『生き物は円柱形』を事実と考えを判別しながら読んで要旨を正確に理解し，「生き物は多様であるが共通性があること」に興味をもつことができる。

2 教材研究

　この文章は，「生き物は多様であるが，円柱形であるという共通性がある」という筆者の考えを事例や実験を通して検証している。

　文章全体は11段落で構成されている。筆者は第1段落で話題の提示と共に自分の考えを述べ，読み手に生き物に対して興味をもたせようとしている。その筆者の考えを裏付けるために第2段落から第5段落まで具体的な事例を出し，読み手を納得させようとしている。さらに，第6段落では，読み手が疑問や問題を新たにもつのではないかと予想し，問題を提示している。第6段落から第9段落までその疑問を解決するための新聞紙を使った実験，実験から導き出された利点を客観的に述べている。第10段落では予想された問題に対する実験の結果のまとめ。第11段落はこれらのことを通して筆者が一番言いたいこと「生き物の多様性を知ることはとてもおもしろい。それと同時に多様なものの中から共通性を見いだし，なぜ同じなのかを考えることも，実におもしろい。」と述べている。その裏には筆者が読み手に対して，「他にも生き物の多様さや共通性はないか読み手自身も見つけてほしい。そして，なぜ同じなのか考えてほしい」という思いが伝わってくる。

124

3 指導計画（10時間）

習得過程

❶❷ 教材『見立てる』を使って，要旨の読み取り方，具体例（根拠）を基に筆者の考えを述べる論の進め方の捉え方，自分の考えのもち方についての学び方を習得する

活用過程

❸ 全文を課題に即して直観的に読んで要旨を読み取る

・題名，話題提示の段落を読み，全文を直観的に読む課題を設定する。

・直観的に読み，要旨を押さえ，課題に即してまとめる。

❹❺ 直観的に読み取った要旨をより確かに読み取るための課題を設定し，分析的に読む

・課題に即して２〜５段落を筆者の考えと事例を判別しながら読んで「生き物は円柱形である」ことの根拠を押さえ，要点を付箋にまとめる。

・課題に即して６〜10段落を筆者の考えと事実を判別しながら読んで自分の考えを証明するための実験，生き物は円柱形であるとどんないい点があるか押さえ，要点を付箋にまとめる。

❻❼❽ 課題に即して全文を体制的に読み，より深く要旨を理解し，自分の考えを書く

・全文を課題に即して読み，付箋を操作し，筆者の考えの進め方を表解する。

・筆者の考えの進め方に対して自分の考えをもつ。

・全文を課題に即して読み，要旨に対して自分の考えをもつ。

探究過程

❾ 「生き物」に関して自分で課題をもち，課題解決のために科学関係の読み物を読む

❿ 筆者の考えを読み取り，そのことに対して自分の考えをもち，共有する

第6章　思考力・判断力・表現力を育てる課題学習の授業プラン　125

4　指導の実際

■1　第❸時　直観的に要旨を読み取る

●題名・話題提示文を読む

　『生き物は円柱形』の題名を読むと，「私たちの身の回りにいる生き物は本当に円柱形だろうか」と子供たちは疑問をもつ。その疑問を解決しようと読む構えができる。そこで，第1段落を読む。第1段落は話題と筆者の考え「生き物は多様であるが，共通性がある。その共通性は『生き物は円柱形だ』とだということである」ということが書かれている。

・第1段落の筆者の考えを読み取ると，子供は疑問や問題をもつ

　「生き物は円柱形と言っている。そうかな。私たちの身の回りの生き物はどうかな」「筆者は，生き物は円柱形と言っているがどんなことを根拠にしてそのような考えをもったのだろうか」「『生き物は円柱形ではある』の中で筆者が一番言いたいことはどんなことだろうか」というような疑問をもつ。

●子供がもつ疑問・問題を基に，全文を直観的に読んで要旨を読み取るための課題を設定する

　課題　筆者は，「生き物は円柱形だ」と言っているがどんなことか。このことを通して，筆者はどんなことを言いたいのか。

・課題解決の方法を工夫する

　教材『見立てる』で行った直観的に要旨を読み取る学習法を生かす。

　1　全文を読む。
　2　筆者が一番言いたいことが書いてある段落を囲む。
　3　その段落を読み，課題に合うように筆者が言いたいことをまとめる。

課題に沿って一人一人自己学習をする。その結果をグループや全体で話合い，直観的に読み取った要旨をまとめる。

2　第❹・❺時　分析過程〜直観的に読み取った要旨がどんな根拠（事実）をもとに述べられているかを読む

分析読みでは直観的に読み取った要旨が，どんな事実によって支えられているか，その事実に基づいて，筆者はどんな考えを明らかにしているかを正確に理解する。従って，学習単位（学習範囲）ごとに事実と考えを区別して読む課題を設定する。

・直観的に読み取った要旨を基に子供は疑問・問題をもつ

子供がもつ疑問・問題は，「どんな共通性があるのか」「どんな事実を基に『生き物は円柱形だ』と筆者は言っているのか」「生き物はなぜ円柱形なのか，それを証明するためにどんな実験をしたのか」などである。

子供たちは読む必要感がなければ，主体的な学習はできない。

●子供がもつ疑問・問題を基に筆者の考えを裏付ける事実を読み取るための課題を設定する

課題　筆者は，どんな具体例をあげて，「生き物は円柱形だ」と述べているか。また，生き物が円柱形である理由を見つけるためにどんな実験をし，その結果どんないいことがあると分かったか。

・課題解決の方法を工夫する

1　第2段落〜第10段落を読む。
2　事実　「──」　筆者の考え「〜〜〜」を引きながら読む。
3　具体例（事実）　黄色の付箋に大事なことだけまとめる。
　　実験とその結果　黄色の付箋に大事なことだけまとめる。
4　筆者の考え　　　赤色の付箋にまとめる。

第6章　思考力・判断力・表現力を育てる課題学習の授業プラン　127

課題に沿って一人一人が事実と筆者の考えを読み分け，色別付箋を使い大事なことをカードにまとめる。その結果をグループや全体で話し合う。目標に到達していない場合は修正する。

③　第❻時　体制過程〜筆者は自分の考えを述べるためにどんなことを根拠に論を進めているか表解する

　今まで段落ごとにばらばらに読んできた事柄を結び付け，筆者が要旨を述べる過程を捉える。

学習単位　全文

学習目標　「生き物は多様である。しかし，『生き物は円柱形だ』という共通性がある」という筆者の考えを裏付ける具体例や円柱形であるよさを押さえ，筆者の考えの進め方を表解したり，説明したりし，構成的思考力を伸ばすことができる。

- **事柄**：筆者の考え→そのことを裏付ける具体例→円柱形のよさ→このことから筆者が一番伝えたいこと
- **条件**：筆者の考えを裏付ける事柄を分かりやすく関係付け，チャート図にまとめている。（簡潔である，論理的にまとめている）

学習内容（△主体的に学習に取り組む態度　○思考力,判断力,表現力「読むこと」　●知識・技能）

△筆者は読み手を納得させるためにどのような工夫をしているか筋道立てて表解しようとすること

○筆者の考えの述べ方を理解すること

○理解した内容を筋道立てて表解すること

●筆者は自分の考えを述べるために情報と情報をどのように関係付けているかを分かるように表すこと

●読み取ったことを表解するための必要感をもつ

　筆者は事例をあげたり，実験をしたりして，客観的に事実を述べ，それらを根拠に自分の考えを述べている。筆者は読み手を納得させるためにいろいろな工夫をしている。どんな工夫をしているか問題意識をもつ。そのために，

筆者の考えの述べ方を自分が一目で分かりやすいようにまとめる。そこから，
筆者の論の進め方の工夫を発見する。

●筆者の論の進め方の工夫が発見できる課題を設定する

課題 「生き物は円柱形である」という考えを述べるために筆者は，ど
んな工夫をしていますか。また，円柱形だとどんないいことがある
のかを述べるためにどんな工夫をしていますか。

・課題解決の方法を工夫する

『見立てる』で情報と情報を結び付けて，表解する学習法を身に付けてい
るのでそれらを生かす。

1　小段落ごとまとめてある付箋を大きなまとまり（大段落）にまとめる。
2　どんな考え（赤）を述べるために事例や実験があるか結び付ける。
3　筋道が通るように，付箋と付箋を線で結び，関係付ける。
4　チャート図を見て，筋道が通るように話してみる。
5　チャート図を見て，筆者の論の進め方の工夫についてまとめる。

●一人一人が課題に応じて自己学習をする

どの子どもも課題解決ができるように能力差に応じた学習シートを工夫す
る。筆者の考えの進め方が分かる子供は自由に自力で分かりやすく表解する。
筆者の考えの進め方の全体を見通せない子どもに対して，大段落のまとまり
の枠や筆者の考え，段落と段落をつなぐ文章を書いた学習シートをつくる。
付箋に書いた内容を枠の中に置いていくようにする。次に筋道が立つように
線で結んでいく。次のページの学習シートを参照する。

第6章　思考力・判断力・表現力を育てる課題学習の授業プラン　129

〔能力差に応じた学習シート〕

筆者の考え

　生き物は多様だが，共通性がある。それは「生き物は円柱形だ」という点だ。

考えの「根拠になる具体的な例

筆者の考え

生き物が円柱形であるのだとすると，それには理由があるにちがいない。円柱形だとどんないいことがあるのか

実験と筆者の考え

要旨　まとめ

・生き物は多様である。その多様性を知ることはとてもおもしろい。
・多様なものの中から共通性を見いだし，なぜ同じなのかを考えることもおもしろい。

①　付箋に書いた内容を枠の中に置いていく。
②　枠に置いたら筋道が立つように線で結んでいく。
③　図を見ながら筋道が通るように話してみる。

●自己学習の結果をグループで話し合う

話合いの視点 課題に沿って，チャート図を筋道立てて説明する。

発表の方法

・話し手～発表者

　・何のためにどんな具体例をあげているのか。

　・「生き物は円柱形だ」とどんないいことがあるのか。

　・このことから筆者が一番言いたいことは何か。

　・まとまりとまとまりをうまくつながるように線で結び説明する。

・聞き手

　・上記４つのことができているかどうか聞く。

　・感想，質問，できていなかったら上記４点からアドバイスをする。

　・前の発言を受けてつなげて発言する。（受けて，つなげる）

●一斉学習で学び合う

　・段落と段落をつなぐ文章や接続語にも注目させ，筆者の考えの進め方の
　　工夫について話し合う。

　・評価基準を設定する。

　　評価基準は学習目標の「事柄」「条件」である。

　・自己評価をする

　　「事柄」と「条件」ができている。　　　　　　　「◎」

　　「事柄」と「条件」のどちらかに不足がある。「○」

　　「事柄」と「条件」の両方に不足がある。　　「△」

　・自己学習の結果，調節学習や深化学習をしたりする。

　　「◎」の子供は，筆者が考えを述べるための工夫に対して自分の考えを
　　まとめる。「○」「△」は文章を読み直し，修正する。

●学習のまとめをする

　線で結ぶことによって一目で筆者の考えの進め方が分かる。

　線で結ぶことによって，筆者の論の進め方の工夫が分かる。

　次時は「要旨をまとめ，自分の考えを書く」につなげる。

第6章　思考力・判断力・表現力を育てる課題学習の授業プラン　131

文学的文章の授業プラン
1
『スーホの白い馬』
（2年）

1 　単元の目標

　『スーホの白い馬』の場面の様子やスーホ・白馬の行動を想像しながら読んで，スーホと白馬の強い絆に共感することができる。

2 　教材研究

　『スーホの白い馬』は，「モンゴルに馬頭琴という楽器がある。どうしてこんな楽器があるのか」というプロローグがある。それに続いて，「紹介・発端・展開・最高潮・結末・後日談」とストーリーが展開している語り型の作品である。紹介語りでは，羊飼いの少年スーホを紹介している。「ある日のことでした」と発端語りがはじまる。スーホが拾ってきた白い子馬が中心に物語が展開する。展開語りでは，おおかみから羊を守る白馬，競馬に出場し一等になるが殿様に取り上げられた白馬，酒もりをしたある日殿様を振り落とし，殿様のところから逃げ出す白馬のことが語られている。白馬は傷つきながらもスーホのもとにもどってくるという最高潮語りになる。スーホの願いもむなしく白馬は死んでしまうが，スーホは夢に現れた白馬の言葉に従って馬頭琴をつくるという結末にいたる。最後に，その馬頭琴が草原中に広がったという後日談がある。

　子供たちは白馬の様子や行動が刺激になり，スーホの気持ちを想像することができる。すると，スーホと白馬が互いに思いやる強い愛情と絆に同感・共鳴することができる。

3　指導計画（11時間）

習得・活用過程

　2年生最後の文学的教材である。「粗筋の読み取り方」「場面の様子や気持ちを想像する仕方」を身に付けてきているので，その方法を生かして学習をする。

❶❷　全文を課題に即して直観的に読んで心に残った場面，粗筋を押さえる

・題名・プロローグ・紹介語りを基に，全文を直観的に読む課題を設定する。

・直観的に読み，心に残った場面や粗筋を課題に即してまとめる。

❸❹❺❻❼❽　直観的に読み取った心に残った場面をより深く読み取るための課題を設定し，分析的に読む

・課題に即して，暗くなっても帰ってこないスーホを案じる人々の様子や気持ち，スーホが白馬をだきかかえてきた様子や気持ち，成長した白馬の様子を想像しながら読む。

・課題に即して，羊を守ろうと必死にふせいでいる白馬の様子やいたわりの言葉をかけるスーホの気持ちを想像しながら読む。

・課題に即して，競馬大会の様子や白馬を殿様に取り上げられ傷つけられたスーホの気持ちを想像しなら読む。

・課題に即して，白馬が殿様を振り落とす様子や怒り狂う殿様の気持ち，何本もの矢が刺さっても走り続ける白馬の様子を想像しながら読む。

・課題に即して，矢を受けながらもスーホのところに帰ってきた白馬の様子やそれを見たスーホの気持ちを想像しながら読む。

・課題に即して，夢の中でスーホと白馬が話し合う様子や気持ち，楽器をつくるスーホの気持ちを想像しながら読む。

・馬頭琴をひくスーホの気持ちを想像しながら読む。

❾　全文を体制的に読んで，スーホと白馬の心のつながりについて感想を書く

第6章　思考力・判断力・表現力を育てる課題学習の授業プラン　133

探究過程

⑩　自分から進んでいろいろな国の昔話を読み，簡単な粗筋や心に残った場面とその感想をまとめる

⑪　３人グループでミニ読書会を開き，交流する

4　指導の実際

1　第❶・❷時　直観的に心に残った場面，粗筋を読み取る

　作品のプロットを生かして，子供が学ぼう・学びたいとする心理を大事にする。学習指導要領「Ｃ　読むこと」の「構造と内容の把握」の「エ　場面の様子に着目して登場人物の行動を具体的に想像すること」の学習である。つまり，「どんなお話か」粗筋を捉えたいという子供の心情が湧き出てくるようにする。

・題名読みをする。

　「『スーホの白い馬』はどんなお話かな」と発問し，子供に予想させる。

・「みんなが思っているようなお話かな」ということで，前書きと紹介の場面を読む。

　「前書き」は子供の興味をそそるように，どうして〝馬頭琴〟という楽器ができたのか，よびかけるように書いてある。作者は，この物語の世界に読み手を引き込むように工夫している。その上で，「それにはこんな話があるのです」と続く。すると，「どんなお話かな」と子供は興味をもつ。教師は興味をもたせるような助言を大事にする。

・「どんなお話か」という問題意識に支えられて，紹介語りを読む

「いつ」「どこで」「だれが」「どうした」お話か。

　「いつ」「どこで」「だれが」「どうしたか」を押さえる。すると，スーホを中心に話が繰り広げられていることが分かる。子供たちの中に，「スーホは

どうしたか」または,「スーホはどんなことをしたか」という問題意識が生まれる。そこで,粗筋(内容の大体)を読む必然性が生まれる。

●内容の大体(粗筋)を読み取る課題を設定する

> かだい　スーホはどんなことをしたか。このお話で心にのこったところはどこですか。

・課題解決の方法を工夫する

　お話の順序に挿絵を並べ,その下に誰がどうしたと書かせる方法があるがこれは１年生の学習方法である。２年生でしかも３年生進級の直前であるので挿絵の補助はいらない。自分で読んで,誰がどうしたかを押さえて話の展開が分かるように書く。

> 1　「スーホはどんなことをしたか」を考えながら全文を読む。
> 2　発端,展開,最高潮,結末,後日談ごとの場面を押さえる。
> 3　場面ごとに,「スーホは,～～した。」と簡単に書く。

　「2」については子供に分かりやすい表現をする。

・課題に沿って一人一人自己学習をし,課題を解決する

　自己学習をし,物語の展開の契機となる事柄を押さえて粗筋を読み取る。つまずいている子供がいたら,『「ある日のことでした」「あるばんのこと」「ある年の春」「そこで,ある日のこと」「そのばんのことです」「そして,つぎの日」の言葉に気を付けて読みましょう』と助言する。

　粗筋が書き終わったら,心に残った場面を書く。粗筋,心に残ったところはカードに書いて子供たちに分かるところに貼っておく。

２　第❼時　分析過程～直観的に読み取った粗筋を詳しく読む

（学習単位）クライマックスの場面～スーホが白馬を介抱する場面

第6章　思考力・判断力・表現力を育てる課題学習の授業プラン　135

学習目標（行動的目標）　白馬を介抱する場面で，課題に即して帰ってき
た白馬の様子とその白馬の矢を抜くスーホの気持ちを想像しながら読んで，
次の条件を含めて書いたり話したりすることができる。

●**大好きなスーホのところに帰ってきた場面―帰ってきた白馬の様子**

　・矢が何本もつきささり，あせがたきのようにながれおちている。

●**白馬の矢をぬく場面―スーホの気持ち**

　・はをくいしばりながら，矢をぬく

　・「白馬，ぼくの白馬，しないでおくれ」

学習内容（△主体的に学習に取り組む態度　○思考力,判断力,表現力「読むこと」　●知識・技能）

　△課題に沿って場面の様子や気持ちを想像しながら読もうとすること

　○場面の様子を想像しながら読むこと

　○スーホの気持ちを想像しながら読むこと

　●想像するために必要な語句に気付くこと

　・矢が何本もつきささり

　・あせがたきのように

　・走って走って走り続けて

　・はを食いしばりながら

　・弱りはてて

・前時を想起し，ストーリーを続ける

　作品全体を直観的に読んで押さえた粗筋を使って，前時の場面（殿様を振
り落としてスーホのところに走り続けた場面）を想起させる。その上で本時
の学習場面を押さえる。（この場面を詳しく読んでいく）

・本時の学習範囲を直観的に読んで，粗筋を押さえる

　粗筋を押さえるとその時の白馬の様子はどうかな，スーホの気持ちはどう
なのかと問題意識が生まれる。教師はそれらを課題に高めるための助言をす
る。そうすると，本時の学習範囲を読む必然性が生まれる。

T 「殿様から逃げ出した白馬はどうしたかな，スーホはどうしたかな」を
　考えながらめいめい読みましょう。

C （各自微音読し，粗筋を押さえる）

T （粗筋を板書する）

　・白馬は，ひどいきずをおいながら大すきな<u>スーホのところに帰ってきた</u>。

　・スーホは，<u>白馬にささっている矢をぬいてやった</u>がだんだん弱ってきた。

●直観的に読み取った粗筋を基にして，下線の部分を詳しく読む課題を設定
　する

T （筋に下線を引きながら）この時の白馬の様子やスーホの気持ちはど
　んなだったでしょうか。詳しく読む課題をつくってみましょう。

　　（子供がつくった課題をまとめるようにする。）

かだい　スーホのところに帰ってきたときの白馬のようすはどんなだっ
　　　　　たでしょうか。白馬のようすをみたスーホは，どんなことを思い
　　　　　ながら矢をぬいたでしょうか。

・課題解決の方法を工夫する

　課題を解決するためには，課題を分析して２つのことを想像することを押
さえる。「この課題をどのように調べていくのか」と発問し，子供がもってい
る学習方法を引き出すようにする。子供自身が自分で学習方法を考えて課
題を解決したという自信をもたせるためにも大事なことである。

　1　白馬がスーホのところに帰った場面を各自微音読する。

　2　白馬の様子が分かるところにまっすぐな線を引く。そのことばを手
　　　がかりにして，白馬の様子を書く。

　3　スーホの気持ちが分かるところに波線を引く。そのことばを手がか
　　　りにして，自分がスーホになって書く。

第6章　思考力・判断力・表現力を育てる課題学習の授業プラン　137

・一人一人が課題に応じて自己学習し，課題を解決する

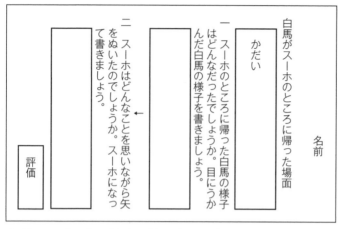

行動的目標，課題，学習シートは整合性のあるものにする。行動的目標に合わせて，場面は２つ。矢印は前の場面を受けてストーリーが展開していることを表す。評価欄も設ける。

●グループで自己学習の結果を話し合う

　学び合いの視点　　　スーホのところに帰った時の白馬の様子と白馬の矢をぬくスーホの気持ちをどのように想像しているか交流する。

　話合いの人数　　　　２〜３人

　話合いの過程　　　　課題の中に２つの内容がふくまれているので１つずつ伝え合う。聞き手は共感，相槌，質問をしたりする。

●課題に沿って協働学習をし，学習を深める

・不適切な想像について

　文学的文章なので，想像した中身はそれぞれ違ってもいい。中身はその子供がもっている知識や経験，その子供の性格で違ってくる。

　例えば，矢を抜くスーホの気持ちが「ぼくは，馬を売りにいったわけじゃないのにあの殿様許せない。にくらしい」とか「白馬さようなら。天国で幸せに暮らせよ」などと想像した子供もいる。原因は，課題は何を想像するのかという課題意識が低いこと。また，スーホの気持ちが表れている叙述に目を向け，その言葉の意味を理解していないことにある。想像した中身を分析すると，

```
A  適切に想像ができている子供
B  想像に過不足がある子供
C  叙述に即しない想像をしている子供
D  叙述をそのまま書き写し自分がスーホになりきっていない子供
```

のようになる。B，Cの子供に対しては，「課題は何か」にもどること，「は
を食いしばりながら」「血がふき出しました」の意味を考えながら読み直し
て，修正させる。Dの子供に対しては，「自分がスーホだったらどんなこと
をいいながら矢をぬくのか」考えさせ修正させる。修正は覚えたことを書く
のではなく，もう一度読み直してどのように叙述されているか目を向けさせ
る。

・語句の理解を通し，想像を深める

　矢をぬくスーホの気持ちを想像する手がかりになる言葉は，「はを食いし
ばりながら」「血がふき出しました」である。「はを食いしばる」は普段どん
な時に使うかのを考えさせ，悲しみをこらえ一生懸命になってつきささった
矢をぬこうとするスーホの様子を描かせる。

　「血がふき出す」と「血が出る」とを比較して，矢が白馬の体の奥深くま
で入り込んでいることを理解させる。

●基準を基に自己評価する

　基準は上記の行動的目標に表れている。白馬の様子や，矢をぬくスーホの
気持ちについて話し合っているうちに，どんな言葉を手がかりにどのように
想像できていればよいかが分かる。そこで，自己評価をする。

```
・2つについて，想像ができている・・・・・・・・・・・・・・・・・・・・・・・・・・・・・「○」
・想像の中身が少し足りない・・・・・・・・・・・・・・・・・・・・・・・・・・・・・・・・・・・・「□」
・課題に合っていない・・・・・・・・・・・・・・・・・・・・・・・・・・・・・・・・・・・・・・・・・・・「△」
```

などを付ける。

　評価の結果，修正する場合は，前ページに記してある流れで進める。

●学習のまとめをする

　白馬の様子やスーホの様子や気持ちを想像しながら音読する。ストーリーを次時につなげる。（次への期待をもたせる。）

3　第❾時　体制過程～全文を体制的に読む課題学習

●学習課題を設定する

　分析読みでは，『スーホの白い馬』を場面ごとに詳しく学習した。体制読みでは各場面のつながりがもてるような学習課題を設定する。

　子供たちは馬頭琴にまつわるスーホと白馬の話がよく分かった。スーホと白馬はいつも一緒である。スーホと白馬に対して感想を書く課題を設定する。

課題　スーホと白馬の心のつながりについてどんなことを思いましたか。

・学習課題を解決するための学習方法を工夫する

1　全文を読む。

2　スーホと白馬の心のつながりについて書かれてあるところをおさえる。

3　それに対して思ったことを書く。

140

文学的文章の授業プラン

2

『ごんぎつね』
（4年）

1　単元の目標

　『ごんぎつね』を場面の情景やごんと兵十の心情を想像しながら読んで，人間的な同情や愛情に目覚めていくごんに共感したり，兵十を思うごんの心が通じないまま兵十に撃たれてしまう非情さに悲しさやむなしさを感じたりすることができる。

2　教材研究

　『ごんぎつね』は，「紹介・発端・展開・最高潮（クライマックス）・結末」とストーリーが展開している語り型の作品である。

　「紹介語り」では，一人ぼっちでいたずらばかりしているごんぎつねを紹介している。「ある秋のことでした」と「発端語り」がはじまる。ごんのいたずらが契機になって物語は展開する。「展開語り」では，兵十の母の葬式に出会い，いたずらを後悔する。そして自分と同じ境遇になった兵十に同情し，ごんは償いをする。月のいい晩，ごんは兵十と加助に自分はどう思われているか気になって後をつける。兵十と加助の話から自分の行為が通じていないことに不満を抱く。それでもなお償いを続けるが，いたずらに来たと思われ，兵十に撃たれるという最高潮語りになる。「青いけむりが，まだ，つつ口から細く出ていました。」と余韻を残して結末になる。

　子供は，ごんと兵十の心情や場面の情景を想像しながら読んで，人間的な同情や愛情に目覚めていくごんに同感・共鳴することと思われる。また，兵十を思うごんの心が通じないまま兵十に撃たれてしまう非情さに悲しさ，やりきれなさを感じることができる。

第6章　思考力・判断力・表現力を育てる課題学習の授業プラン　141

3 指導計画（10時間）

習得過程

❶ 全文を課題に即して直観的に読んで感動した場面，感動したことを押さえる
  ・題名，紹介語りを読み，全文を直観的に読む課題を設定する。
  ・直観的に読み，感動した場面，その場面でどんなことに感動したか，課題に即してまとめる。

❷❸❹❺ 課題に即して，場面の情景や気持ちを想像しながら分析的に読む
  ・課題に即して，雨上がりに穴からはいだしごんが兵十にいたずらをする場面の様子やその時の兵十やごんの気持ちを想像しながら読む。
  ・課題に即して，兵十の母親の葬列に出会う場面の情景や後悔するごんの気持ちの変化を想像しながら読む。
  ・課題に即して，償いをするごんの気持ちや様子，ひとりぽっちになった兵十に対するごんの気持ちを想像しながら読む。
  ・課題に即して，兵十と加助のかげぼうしをふみふみついていくごんの様子や二人の話を聞いたごんの気持ちを想像しながら読む。
  ・課題に即して，くりをもってきたごんを兵十が撃ってしまう場面の様子やごん，兵十の気持ちを想像しながら読む。

❻ 全文を課題に即して体制的に読み，感動の中心に対して感想を書くことができる

活用過程

❼ 新美南吉の『手ぶくろを買いに』『花の木村と盗人たち』を習得した学習方法を活用して直観的に読み，感動の中心を押さえる

❽ ２つの作品と『ごんぎつね』との共通点や相違点を見つけ，新美南吉の作品の世界に触れることができる

探究過程

⑨　自分から好きな作品を選んで読み，感動の中心や感動したことを押さえる

⑩　それらをポップに書き，紹介し合う

4　指導の実際

1　第❶時　直観的に感動の中心を読み取る

●題名・紹介語りを読む

　『ごんぎつね』という題名を読むと，「ごんぎつねを中心にしたお話だろう」と子供たちは予想する。では，「そのごんぎつねとはどんなきつねだろうか」と疑問をもつ。その疑問を解決しようと読む構えができる。そこで，紹介語りを読む。紹介語りには「いつのこと」「ごんが住んでいるところ」「ひとりぽっちのごんはいたずらばかりしていること」が書かれている。

　つまり，紹介語りには，「話の語られる時」「主人公の名前」「主人公の性格」「主人公の生活状況」が語られている。だから，紹介語りによって読もうという興味や意欲が喚起される。紹介語りを読むと子供は疑問や問題意識を高める。このように課題づくりでは作品のプロットの機能を生かすことが大事である。

　「いたずらばかりしているごんはどんないたずらをするのか」「ごんはひとりぽっちだからいたずらばかりするのか」と疑問をもつ。その疑問を解決するためには，全文を読む必要性が生まれる。子供がもった疑問や問題を基にして，教師と子供とのやり取りで課題を設定する。

●全文を直観的に読んで，感動の中心を押さえる課題を設定する

課題　『ごんぎつね』は，どんなお話ですか。この中で一番感動した場面はどこですか。その場面でどんなことに感動しましたか。

第6章　思考力・判断力・表現力を育てる課題学習の授業プラン　143

・課題解決の方法を工夫する

　3・4年で感動の中心を読み取るための学習方法はすでに習得している。教師はプールされている方法を引き出すようにする。課題解決の方法を自ら工夫することによって，子供たちはより一層主体的に学習に取り組むことができる。

1　全文を読む。
2　『ごんぎつね』はどんなお話か簡単にまとめる。
3　この中で一番感動した場面を四角で囲む。
4　その場面でどんなことに感動したかを書く。

・課題に沿って一人一人が自己学習をする。その結果をグループや全体で話合い，感動したことをまとめる

2　第❺時　分析過程〜感動したことを深めるために，ストーリーをたどりながら情景や気持ちの変化を想像しながら読む

　分析読みで直観的に読み取った感動したことをより深く捉えるためにどんな叙述を基に情景や気持ちの変化が書かれているのか読み取っていく課題を設定する。

学習単位　クライマックスの場面
学習目標（行動的目標）

　そのあくる日も，くりをもってきたごんを兵十が撃ってしまうクライマックスの場面で，ごんの様子や兵十の気持ちの変化を想像しながら読んで，次の条件を含めて書いたり話したりすることができる。

❶　ごんを見つけ，ごんを撃つ場面
　・ぬすみやがった…
　・「ようし」

- ・足音をしのばせて
- ・ドンとうちました。
❷　ごんがたおれた場面
- ・土間にくりが…ました。
- ・「ごん，おまい（おまえ）だったのか」
- ・ごんは，……うなずきました。
❸　火なわじゅうを取り落とした場面
- ・ばたりと取り落としました。
- ・青いけむりが……出ていました。

学習内容（△主体的に学習に取り組む態度　〇思考力,判断力,表現力「読むこと」　●知識・技能）

△クライマックスを読んで感動をさらに深めようとすること

〇場面の情景や気持ちの変化を想像しながら読むこと

●次の語句の意味・用法を理解すること

ぬすみやがった・ごんぎつねめ・足音をしのばせて・くりが固めて置いてある・目を落とす

●前時を想起する

「ごんが加助の話を聞いて，神様にお礼を言うんじゃあ，おれはひきあわないなあ」という場面を学習したことを想起させ，本時のクライマックスの場面へストーリーを続ける。

・本時の学習範囲を鑑賞する

本時の学習範囲を読んで，場面が醸し出す雰囲気を押さえる。

「クライマックスの場面を読むとどんな感じがするか」押さえる。

子供たちは「悲しい感じ」「さみしい感じ」「かわいそうな感じ」「暗い感じ」などと押さえる。「なぜ，こんな感じをうけたのか」疑問・問題意識をもつ。

・「なぜ，こんな感じを受けたのか」詳しく読む課題を各自つくる

子供たちはその感じを受けた場面や叙述に目を向けるので，そこを詳しく読む課題をつくる。

第6章　思考力・判断力・表現力を育てる課題学習の授業プラン　145

●子供から出された課題をまとめる

> 課題　兵十がごんをうち，火なわじゅうを取り落とすまでの兵十の気持
> ちはどのように変化したでしょうか。

・課題を分析し，３つの場面での兵十の気持ちを想像する
　　・兵十がごんを撃った場面での兵十の気持ち
　　・ごんがたおれた場面での兵十の気持ち
　　・火なわじゅうを取り落とした場面での兵十の気持ち
●能力差に応じた学習方法と学習シートを工夫する
・Ａランク～表象単位を押さえ，想像できる子供

> 【学習方法】
> 1　課題に沿って読み，兵十の気持ちの変化が続くように書く。
> 2　ごんの様子を押さえて，兵十の気持ちを書く。

〔学習シート（評価欄も設ける）〕

くりをもってきたごんを兵十が撃つ場面

名前

課題

・ごんをうち，火なわじゅうを取り落とすまでの兵十の気持ち

> ３つの表象単位を押さえ，自分の力で想像できるので自力で学習し，兵十の気持ちの変化を押さえる

146

・Bランク〜表象単位を押さえられない子供

【学習方法】
1　3つの場面を押さえる。
2　その場面で兵十の気持ち，ごんの様子が分かる言葉にサイドラインを引いて，それを基に想像する。
3　3つの場面で想像したことが続くように書く。

〔学習シート（評価欄も設ける）〕

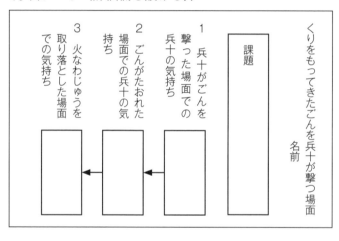

表象単位を押さえられないので3つの場面を書いておく。想像したことが続くように矢印を書く

・Cランク〜どこで何を想像したらよいか分からない子供

【学習方法】
1　リード文に沿って進める。
2　兵十の気持ち，ごんの様子が分かる言葉にサイドラインを引く。
3　その言葉を基に想像して，兵十の言葉で書く。

〔学習シート（評価欄も設ける）〕

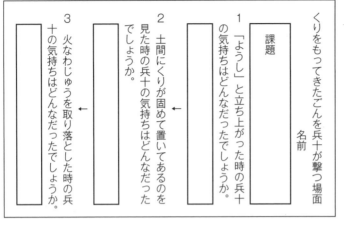

(図中の吹き出し) リード文によって学習が進められるようにする。Cシートになると情報量が多くなりがちなので注意する

● 学習方法・学習シートの違いをよく説明し，自分に合ったシートを選ぶ

　3つの学習法・学習シートはやり方は違ってもどれも目標に到達できることも説明する。

・自分で選んだ学習シートで自己学習をし，課題解決をする
・自己学習の結果をグループで話し合う

　3つの想像したこととその手がかりになる言葉を発表する。聞き手は自分が想像した内容と比較しながら聞き，差異や異同を話す。その根拠（手がかりの言葉）も話す。相手の発表を聞いて受けてつないでいくようにする。

・一斉学習では語句の理解を深めたり，自己評価をしたりする
・学習をやり直し，どの子供も目標に到達する

3　第❻時　体制過程の課題学習

● 学習課題を設定する

　分析読みでは表現の詳細を読み取り，感動のよりどころを明らかにした。
　直観読みで押さえた「感動したこと」がより具体的になっている。
　体制読みではそのことに対して感想をもつ課題を設定する。

> **課題** 感動したことに対してどんな感想をもちましたか。

・課題を解決するための方法を工夫する

1　全文を読む。
2　感動した場面を押さえ，感動したことを書く。
3　感動したことに対して感想を書く。
　　・思ったこと，どこからそう思ったのか書く。
　　・自分だったらどうするか書く。
　　・相手の気持ちになって書く。

・学習課題・学習方法に沿って一人一人が自己学習をする

文学的文章の授業プラン

3
『海の命』
（6年）

1　単元の目標

　『海の命』を登場人物の相互関係や心情を，描写を基に想像しながら読んで人間として成長していく太一の生き方に共感し，自分の考えをまとめることができる。

2　教材研究

　『海の命』は，父や与吉じいさ，母，クエとの関わりの中で人間として成長していく太一の生き方を描いた作品である。

　「紹介語り」では，海という大自然が舞台であること，子どものころから父と漁に出ることを夢みる主人公の太一や父の漁に対する考え方が紹介されている。「発端語り」は，父が夕方になっても帰ってこなかった，という内容からはじまる。物語の展開の契機となるのが父の死である。瀬の主「クエ」がこれからの太一の生き方に大いに関係していくことを暗示している。

　「展開語り1」では，太一は与吉じいさに弟子入りを頼む。与吉じいさの漁に対する考えが語られている。「展開語り2」では，太一が村一番の漁師に成長した頃，父と同じように与吉じいさも海に帰っていった。太一の与吉じいさに対する感謝の心情が吐露されている。「展開語り3」では，母の悲しみを背負いながらも，クエを追い求めて父の海にやってきた太一。海中の描写と共に，太一の気分情調を述べている。「展開語り4」はクライマックスである。父を死に追いやったクエと対決する緊迫した場面である。太一はクエを自分の手で仕留めようとする。色彩語，比喩語，擬態語を使い神聖なまでに描写されているクエ。このクエを目の当たりにして，太一の心は揺れ

150

動く。クエは,「海の命」そのものであると考えが変わっていった。後日談では,太一の穏やかで幸せな生活が語られている。

「海の命」とともに生き続ける太一の生き方に共感させたい。

3 指導計画（10時間）

習得過程

❶❷❸ 全文を課題に即して直観的に読んで感動した場面,感動したことを押さえる

・題名,紹介語りを読み,全文を直観的に読む課題を設定する。

・直観的に読み,クライマックスにある作者のメッセージを課題に即してまとめる。

・課題に即して全文を読み,太一の生き方に影響を与えた人物の相互関係を捉える。

❹❺❻ 課題に即して,場面の情景や心情を想像しながら分析的に読み,太一の生き方に影響を与えた人物の考え方を捉える

・課題に即して,情景描写・行動描写・心情描写を基に,「おとう」と「与吉じいさ」,「母」の思いや考えを想像しながら読み,「おとう」と「与吉じいさ」の漁に対する考え方を捉える。

・課題に即して,クエの描写を基に,葛藤する太一の心情,考えが変わっていく様子を想像しながら読み,クエに対する考えを捉える。

・課題に即して,「後日談」を読み,「海の命」について考える。

❼ 全文を課題に即して体制的に読み,太一の生き方・考え方に対して自分の考えをまとめる

活用過程

❽ 立松和平の「いのち」シリーズに流れるメッセージを読み取る

❾ 『海の命』との共通点や相違点を見つけ,交流する

第6章 思考力・判断力・表現力を育てる課題学習の授業プラン 151

探究過程

❿ 自分自身の考え方・生き方に影響を与えた人物について振り返り，これ
から中学生になる将来の生き方を見つめ直す

4 指導の実際

1 第❶・❷時 直観的に感動の中心を読み取る

●題名・紹介語りを読む

　子供たちは『海の命』という題名を読むと，「『海の命』って何だろう」と
疑問をもつと同時に「海の命」について予想をする。その疑問に答えるため
に紹介語りを読む。紹介語りには，いつのこと（時），どこの話か（場所），
物語の主人公「太一」のこと，太一と父との関係，父の漁に対する考え方が
紹介されている。

・紹介語りを読むと子供は疑問や問題意識をもつ

　「太一を中心にして物語が繰り広げられているようだがどんな話か」「太一
はどんな漁師になるのか」「父を超える漁師になるのか」「この話のクライ
マックスはどこか」などと疑問や問題意識をもつ。紹介語りの内容に刺激され
て全文を読もうという構えができる。

・子供がもった疑問や問題を基にして，能力と内容が一体的に学習できる課
　題を設定する

●全文を直観的に読んで，作者のメッセージを押さえる課題を設定する

> 課題 太一はどんな人物の影響を受けて成長したのか。
> 　　　感動の中心はどこか。この中で作者はどんなことを言いたいのか。

・課題解決の方法を工夫する

　課題解決の方法は今までの学習によってプールされている方法を引き出す
ようにする。

```
1  全文を読む。
2  太一は一人前の漁師になるまでどんな人物の影響を受けたのか関係
   図で表す。
3  この図を見ながら，自分の考えが一番変わったところを□（四角）
   で囲む。
4  その場面で作者はどんなことを言いたいのかまとめる。
```

・課題に沿って一人一人が自己学習をする。その結果をグループや全体で話合い，影響を受けた人々とメッセージをまとめる

2 第❺時 分析過程～作者の言いたいことを確かめるために心情や情景描写を想像しながら読み，登場人物の考え方・生き方を捉える

　子供が捉えた作者の言いたいことはあいまいなものである。それを確かめるために「太一」の生き方や考え方に影響を及ぼした「父」「母」「与吉じいさ」「クエ」との関わりを想像しながら読む必要性が生まれる。

(学習単位) クライマックスの場面
(学習目標（行動的目標）) クエと出会い，クエを海の命だと思うようになるまでの場面を読んで，クエの描写や太一の心情の変化を想像し，次の条件を含めて太一の考えの変化を書いたり話したりすることができる。

【クエと出会う場面】

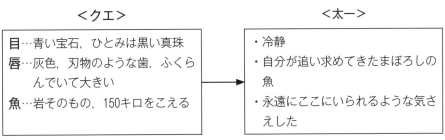

【もどってきた場面】

```
・動こうとしない
・おだやかな目
```
→
```
・自分に殺されたがっている
・この魚をとらなければ～～泣きそ
 うになりながら思う
・ほほえみ，えがおを作った
・「おとう，ここに……に来ますか
 ら。」
・海の命
```

・太一の心情と父・母・与吉じいさの考え方を関連付ける

学習内容(△主体的に学習に取り組む態度　○思考力,判断力,表現力「読むこと」　●知識・技能)

　　△課題に即して太一の考えの変化を読み取ろうとすること

　　○情景や心情の変化を想像しながら読み，太一の考えを読み取ること

　　○描写に対して自分の考えをもつこと

　　●次の語句の意味・用法を理解すること

```
・瀬の主を殺さないで済んだのだ
・大魚は海の命
```

●前時を想起する

　「二十キロぐらいのクエを見ても興味をもてない太一」を想起し，「不意に」にストーリーを続ける。

・本時の学習範囲を直観的に読んで，課題状況をつかむ

　本時の学習範囲を読んで，「どんな感じがするか」場面が醸し出す雰囲気を押さえる。鑑賞の読みである。子供たちは，「緊張した感じから穏やかな感じへと変わっていく」「クエを仕留めようと荒々しい感じからやさしい感じへと変わっていく」と捉える。

・「なぜ，こんな感じを受けたのか」疑問・問題意識をもつ

　受ける感じが変わっていくのは，クエを仕留めなかったからであると子供たちは考える。具体的にどのように変わったのか読み取ってみたいという問題意識に支えられ課題を設定する。

●子供から出された課題をまとめる

> **課題**　瀬の主に対して太一の考えはどのように変わったか。このことにあなたはどう考えるか。

　課題を分析し，2つの場面での太一の心情を想像する。「百五十キロをこえるクエに出会う場面」と「海の中に戻ってきた場面」の2つの場面を押さえる。

・学習方法を工夫する

> 1　クライマックスの場面を読む。
> 2　2つの場面でクエの様子を押さえ，太一の気持ちを想像する。
> 3　後半は太一の心情と父・母・与吉じいさの考え方を関連付ける。

●能力差に応じた学習シートを工夫する

〔Aランクの学習シート（評価欄も設ける）〕

瀬の主に出会う場面　名前

課題

・クエの様子や「父・母・与吉じいさの思いや考え」と結び付けて考える。

> 場面全体の情景や心情を想像しながら読んで，描写の裏にある考えを捉えることができるので，自由に書く。学習方法をヒントとして書く。

〔Bランクの学習シート（評価欄も設ける）〕

瀬の主に出会う場面　名前

課題

1　百五十キロをゆうにこえるクエに出会う場面
・クエの様子（叙述から分かること）
・クエを見た太一の気持ち（思ったこと考えたこと）　←
・クエの様子（叙述から分かること）

2　もう一度もどってきた場面
・クエを見た太一の気持ち（叙述から分かること）　←
・クエを見た太一の気持ち（父・母・与吉じいさの思いや考えと結び付けて考える）

> 場面の情景を構成する表象単位を押さえて想像することができないので表象単位を分かるようにする。

〔Cランクの学習シート（評価欄も設ける）〕

> 2つの表象単位で情景を描くことができるようにリード文を付け、それらを基に自分の思いや考えを想像できるようにする。

瀬の主に出会う場面　　　　名前

課題

1　クエに出会う場面
　　青い宝石のような目、黒い真珠のひとみ、刃物のような歯、百五十キロをゆうにこえるクエを見た時の太一はどんなことを思ったか。

2　もう一度もどってきた場面
　　おだやかな目で動こうとしないクエを見た時、太一はどんなことを思ったか。
　　（太一の気持ちを表す言葉とおとうや与吉じいさの言葉を結び付けて考えよう。）

・自分で選んだ学習シートで自己学習をする

●グループ学習をする

　6年生の最後の文学的作品である。今まで培った学習方法を生かして自分たちで学習を進めるようにする。太一の心情の変化にはクエの叙述が大きく影響している。クエの叙述と太一の心情を関係付けて発表する。聞き手はそれに対する考えを述べるようにする。また，学習方法に「父・母・与吉じいさの思いや考えと結び付けて考える」とあるので，心情の変化と自分の考えに影響を及ぼした人たちの教えも想起する。

　話合いにはタブレットの活用も考えられる。

●一斉学習では題名である「海の命」について考える

　グループ学習では課題に対してどのように自分の思いや考えを書けばよいかが大体分かっている。1つのグループの話合いの結果を基に話合いを深める。押さえるべき叙述は同じでも思いや考えは違う。クエの描写や太一の行

第6章　思考力・判断力・表現力を育てる課題学習の授業プラン　157

動描写を想像させる。また，「『海の命』とは何か，クエを仕留めなかった太一はこれからどう生きていくのか」を中心に話し合う。

課題に対す評価準基準は，「❶　太一の気持ち・考えを表す叙述　❷　瀬の主の叙述　❸　太一の気持ちと父・母・与吉じいさの漁に対する考え方を関係付けるような叙述」を基に自分の思いや考えを書いてあるとよい。

・自分の考えや思いに過不足があったならば，もう一度叙述にもどり読み直しをし，修正する

③　第❼時　太一の考え方・生き方に対して自分の考えをもつ

●学習課題を設定する

分析読みでは表現の詳細を読み取り，作者のメッセージの拠り所が明らかになった。体制読みでは作者のメッセージをより確かにすると共にメッセージに対する自分の考えを書くことができる課題を設定する。

課題　太一に生き方・考え方を通して作者はどんなメッセージを伝えているのか。このことに対してあなたはどう考えるか。

・課題を解決するための方法を工夫する

1　全文を読む。

2　父・母・与吉じいさの漁に対する考え方と関係付けて太一の成長した姿にこめられたメッセージを書く。

3　そのメッセージに対して自分の考えを書く。

・太一の立場に立って考えを書く（もし自分が太一だったら）。

・太一の気持ちになって書く。

・作者のメッセージに対してこれから自分はどうするかを書く。

【著者紹介】
藤井 英子（ふじい　えいこ）
1946年秋田県に生まれる。秋田大学教育学部卒業。
東京都小学校教諭・教頭・校長・東京都教師道場教授（国語科教育担当）を歴任。全国小学校国語教育研究会顧問。
現在，国語教育科学研究会にて国語教育の研究をしている。
主な著書に，『国語学力を測る「到達度」チェックカード　書くこと（明治図書）』（編著），『個人差・能力差に応じた「読解学習の展開」』，『国語科読解の学習法別グループ学習～その理論と実践～』『情報化時代の国語科教育「言語情報の読解指導」～その理論と実践～』『情報化時代の国語科教育「情報創造の作文指導」～その理論と実践～』『童話・物語のプロットと表現』『新しい能力観に立つ読解・作文の新評価法』『ティームティーチングによる個を生かす読解学習の指導（いずれも国語教育科学研究所）』（いずれも共著）などがある。

国語科授業サポートBOOKS
思考力・判断力・表現力を育てる
小学校国語科の課題学習

2019年11月初版第1刷刊	Ⓒ著　者	藤　井　英　子
	発行者	藤　原　光　政
	発行所	明治図書出版株式会社

http://www.meijitosho.co.jp
（企画）木山麻衣子（校正）中野真実
〒114-0023　東京都北区滝野川7-46-1
振替00160-5-151318　電話03(5907)6702
ご注文窓口　電話03(5907)6668

＊検印省略　　組版所　中　央　美　版

本書の無断コピーは，著作権・出版権にふれます。ご注意ください。

Printed in Japan　　ISBN978-4-18-288611-9
もれなくクーポンがもらえる！読者アンケートはこちらから →

好評発売中！

１８の教科書教材の授業プランを収録！

小学校国語科

言葉による見方・考え方を働かせる「読むこと」の授業づくり—思考力・想像力・基礎力をはぐくみ「深い学び」を実現する—

全国小学校国語研究所 編
Ｂ５判・136頁　本体価 2,000円＋税　図書番号：2946

言葉による見方・考え方を働かせ、深い学びを実現する「読むこと」の授業づくりのための、課題追究型の学習過程の組み立て方から説明文・物語文の教材研究や授業づくりのポイントと展開例、情報の扱い方や語彙に関する指導法まで、教科書教材に合わせた事例を多数紹介。

目次より
- 第１章　これから求められる読解の資質・能力
- 第２章　「主体的・対話的で深い学び」を実現する課題追究型の学習過程
- 第３章　「論理的思考力」を育成する説明的文章の授業づくり　他

質の高い教材研究こそが深い学びを実現する！

物語・小説「読み」の授業のための教材研究—「言葉による見方・考え方」を鍛える教材の探究—

阿部　昇 著
Ａ５判・272頁　本体価 2,460円＋税　図書番号：2199

代表的な物語・小説教材「スイミー」「お手紙」「一つの花」「大造じいさんとガン」「海の命」「少年の日の思い出」「字のない葉書」「故郷」を取り上げ、「言葉による見方・考え方」を生かしながら「深い学び」を実現することができる質の高い教材研究の実践例を紹介。

目次より
- 第一章　国語力をつける物語・小説の「読み」の授業
- 第二章　「スイミー」（レオ＝レオニ／谷川俊太郎訳）
- 第三章　「お手紙」（アーノルド＝ローベル／みきたく訳）
- 第四章　「一つの花」（今西祐行）
- 第五章　「大造じいさんとガン」（椋鳩十）他

明治図書　携帯・スマートフォンからは **明治図書ONLINE へ**　書籍の検索、注文ができます。▶▶▶
http://www.meijitosho.co.jp　＊併記4桁の図書番号（英数字）でHP、携帯での検索・注文が簡単に行えます。
〒114-0023　東京都北区滝野川7-46-1　ご注文窓口　TEL (03)5907-6668　FAX (050)3156-2790